Lachen Tanzen Lieben

AF284719

Über den Autor:
Klaus Christiansen
Heilpraktiker für Psychotherapie
Psychologischer Berater und Coach
Niedergelassen in eigener Praxis
www.psychologischeberatunghamburg.de

Über das Buch:

Liebe, Sex, Alter, Krankheit und Tod sind nur einige Themen, mit denen die Klienten in die psychologische Beratungspraxis kommen. In diesem Buch erzählen neun Klienten ihre spannenden und berührenden Lebensgeschichten, begleitet von bedingungsloser Wertschätzung und außergewöhnlichen Interventionen. Ebenso schildert der Therapeut nachdenkliche und humorvolle Episoden aus seinem Leben. Die Geschichten der Klienten und des Therapeuten sind literarisch miteinander verwoben.

Selbstverständlich:

Geht mir der vertrauliche Schutz meiner Klienten über alles und daher habe ich ihre Identitäten und Geschichten bis zur Unkenntlichkeit verändert, sodass sie ihnen nicht mehr zugeordnet werden können.

Um das Buch und die Geschichten weiterhin zu anonymisieren, habe ich meine Praxis fiktiv in einen anderen Hamburger Stadtteil verlegt und arbeite dort unter dem Alias-Namen Markus Stern.

Lachen Tanzen Lieben

Geschichten aus der psychologischen Beratungspraxis

Klaus Christiansen

Bibliografische Information der Deutschen Nationalbibliothek:
Die Deutsche Nationalbibliothek verzeichnet diese Publikation in der
Deutschen Nationalbibliografie; detaillierte bibliografische Daten sind
im Internet über dnb.dnb.de abrufbar.

© 2021 Klaus Christiansen
Grafik: Alena Root/ Shutterstock.com
Satz, Umschlaggestaltung, Herstellung und Verlag:
BoD – Books on Demand, Norderstedt
ISBN 978-3-7534-3011-9

Inhalt

Der Liebesbrief

»Kommen Sie, hauen Sie mir das Kissen um die Ohren!«, rief ich meiner Klientin Kim Novack zu, nachdem ich ihr das Kissen entgegengeschleudert hatte. »Es kann kaputtgehen und der Bezug darf zerreißen.«

»Ich kann nicht, Herr Stern!«, schrie sie und hielt das Kissen fest in ihren Händen.

»Doch, Sie können! Denken Sie daran, was Jens Ihnen angetan hat.«

Sie bäumte sich auf und knallte mir mit voller Wucht das Kissen um die Ohren. »Ja, noch einmal!«, feuerte ich sie an. »Lassen Sie Ihren Zorn heraus.« Kim Novack schlug mir wieder und wieder das weiche Kissen auf den Kopf, bis sie erschöpft in den Sessel sank.

»Das tat gut«, seufzte sie. »Ich bin kaputt und möchte nur noch nach Hause und mich ausruhen.«

Ich gab ihr ein Glas Wasser, ließ sie Atem holen und entließ sie aus der Stunde.

***

Kim Novack, eine fünfundzwanzigjährige Studentin, kam wie immer zu spät zur Therapiestunde. Ermattet ließ sie sich in den Sessel fallen.

»Entschuldigen Sie bitte, der Verkehr ist heute wieder nicht zum Aushalten. Staus, egal wo man langfährt.«

Ich sagte nichts zu ihrer Verspätung und reichte ihr eine Tasse Tee.

»Haben Sie den Brief geschrieben, Frau Novack?«

»Ja.« Sie fummelte einen zerknitterten Zettel aus ihrer Handtasche. »Es hat mir Spaß gemacht, dem Schwein zu sagen, was er mir angetan hat.«

»Hat das Schreiben Sie entlastet?«

Kim Novack litt so stark unter der Trennung von ihrem Freund Jens, dass sie therapeutische Hilfe bei mir suchte. Sie trug ihr langes dunkles Haar zu einem Pferdeschwanz zusammengebunden, ohne dabei streng zu wirken. Ihre Lippen hatte sie dunkel geschminkt. Sie hatte ihren Freund verlassen aufgrund ständiger Flirts mit anderen Frauen. Sie war daraufhin erst traurig und voller Hass, konnte aber ihre Gefühle nicht sortieren und ausdrücken.

»Ja, das Schreiben des Briefes hat mich entlastet«, schluchzte sie, »aber auch unendlich traurig gemacht.«

»Weil Sie noch immer etwas für ihn empfinden?« Ich spürte, dass sie ihn noch liebte.

»Nein, ich hasse ihn und will ihn nie wiedersehen!« Entschlossen wischte sie die Tränen aus ihren Augen. »Hier ist der Brief«, sagte sie und warf mir einen zerknitterten Zettel zu.

Ich fing ihn auf und begann zu lesen.

Dem Verursacher einer Kränkung einen Brief zu schreiben, um eine seelische Erleichterung zu erfahren, ist eine bewährte therapeutische Intervention. Der Leidende kann seine Gefühle frei und ohne Zurückhaltung zum Ausdruck bringen.

Ihr Brief las sich wie fast alle Botschaften von wütenden und enttäuschten Verlassenen. Allerdings hatte er einen zarten Unterton, selbst in den schlimmsten Anschuldigungen.

»Hier steht, Sie verabscheuen ihn, weil er ständig mit anderen Frauen geflirtet hat.«

»Ja, gedemütigt und verarscht hat er mich!« Sie knallte die leere Taschentücherbox auf den Tisch. »Ich hoffe, Sie haben noch ein paar davon. Ich bin so wütend, ich will heulen oder schreien!«

Bitte nicht schreien, dachte ich und holte schnell eine neue Box mit Taschentüchern.

»In dem Brief klingt ein wenig Stolz darüber mit, einen attraktiven Freund zu haben, den die Frauen reihenweise anflirten.«

»Ja, Sie haben recht, anfangs hat es meinem Ego gutgetan, einen hübschen Freund zu haben. Flirten wäre ja okay gewesen, aber er hat es mit den Weibern getrieben!«

»Wie kommen Sie darauf? Und gibt es dafür Beweise?«

»Nein, ich habe es gespürt.«

»Keine Belege?«

Sie schüttelte den Kopf und trommelte mit ihren Fäusten auf ihr Herz. »Hier drin habe ich es gefühlt. Das ist Beweis genug für mich.«

Ich fühlte den Druck auf ihrem Herzen und im Behandlungsraum. Ich öffnete das Fenster und ließ frische Luft hinein. Als ich mich wieder setzte, sah ich, wie ein Spatz auf der Fensterbank landete und auf ihr hin und her stolzierte.

Meine Klientin beobachtete nachdenklich den Spatz.

»Hat der kleine Vogel seinen Partner verlassen, so wie ich, und ist auch ein Single?«

»Das können wir nur annehmen, weil wir keine Beweise haben, was mit dem Vogel ist. Aber warum haben Sie Ihrem Ex-Freund einen handschriftlichen Brief geschrieben und keine E-Mail, wie es heute üblich ist?«

»Wieso?« Sie streckte angriffslustig ihr Kinn nach vorn. »Ist das verboten? Außerdem haben Sie mir doch gesagt, ich solle einen Brief schreiben.«

»Sie haben recht, ich bat Sie, einen Brief zu schreiben; nur die meisten Klienten schreiben dann doch eine E-Mail und drucken sie aus.«

»Und wo ist der Unterschied?«

Meine rechte Hand schnellte in Richtung meiner langen Haare. Mit einem Seufzer fing meine linke

Hand die rechte ein und nun lagen beide Hände friedlich auf meinem Oberschenkel. Ich muss unbedingt einen Termin bei meiner Supervisorin machen, dachte ich, um den Tick zu bearbeiten, der mich seit einiger Zeit quält.

»Ist alles in Ordnung, Herr Stern?«, fragte sie besorgt.

»Alles bestens, es geht mir gut. Ich finde, wer in der heutigen Zeit Briefe mit der Hand schreibt, der möchte Persönliches mit seinen Worten transportieren.«

Ich schaute unbeteiligt auf die Bücherwand hinter meiner Klientin. »Liebesbriefe«, sagte ich und fixierte mit meinen Blicken das dickste Buch im Bücherregal, »die habe ich gern mit der Hand geschrieben.«

»Ich früher auch, aber diesem Drecksskerl wollte ich keinen Liebesbrief mehr schreiben.« Erbost stampfte sie mit ihren Füßen auf meinem Parkettboden auf. Volltreffer, dachte ich. Wenn Klienten so erregt auf einen Gedanken von mir reagierten, dann hatte ich oft den Kern der Thematik getroffen.

»Das weiß ich«, sagte ich lächelnd. »Wann und an wen haben Sie Ihren letzten Liebesbrief geschrieben?«

»Ich weiß nicht, ob das hierhin gehört!« Ihr erboster Blick durchbohrte mich. »Jens habe ich vor langer Zeit einen Liebesbrief geschrieben«, stieß sie wütend hervor.

Ich schwieg.

Plötzlich rannen Tränen über ihr Gesicht und hinterließen Spuren auf dem Make-up. Ich reichte ihr ein Papiertaschentuch. Sie nickte dankend, trocknete die Tränen und verschmierte dabei ihr Make-up.

Ich ließ ihr Zeit, sich weiter zu beruhigen, und sprach sie dann sanft an: »Wenn Sie mögen, hätte ich eine kleine Hausaufgabe für Sie bis zu unserer nächsten Stunde.«

Sie hob die Augenbrauen. »Ja?«

»Beantworten Sie bitte die Frage: Was ist der Unterschied zwischen einer Annahme und einer Tatsache?«

»Ich verstehe zwar nicht, warum ich das tun soll«, sagte sie bei der Verabschiedung, »aber ich werde mir Gedanken darüber machen.«

***

Ich könnte neue gebrauchen, dachte ich, als ich meine Laufschuhe unter dem Wasserhahn mit einem Papiertaschentuch reinigte. Ich hatte eine abendliche Joggingrunde hinter mir und fühlte mich gut. Das Laufen war meine Meditationsübung. Ich liebte es, meine Füße auf dem weichen Waldboden zu spüren, den Geruch des Waldes einzuatmen, die Vögel zu hören und nichts anderes zu sehen als ein beruhigendes Grün um mich herum. Ich setzte mich in meinen Lieblingssessel, der sichtbar in die Jahre gekommen war. Das Leder war an einigen Stellen stark abgenutzt und geflickt. Ich liebte den Sessel, weil ich in ihm versinken und vor mich hinträumen konnte. Ich schloss die Augen und fiel in einen leichten Schlaf. Im Traum sah ich, verschwommen wie durch Milchglas, eine alte Truhe vor mir. Ich öffnete sie und sah eine Unmenge an Briefen, die sich bis zum Rand der Truhe auftürmten. Ich fischte einen heraus, machte den Umschlag auf und sah, dass er leer war. Ich wühlte in der Kiste, nahm wahllos irgendeinen Briefumschlag und riss ihn auf. Auch in diesem war nichts. Hektisch stieß ich die Truhe um und warf mich in den Haufen von Briefen. Ich öffnete unzählige Umschläge und fand keinen Inhalt. Erschöpft deckte ich mich mit den Umschlägen zu. Als ich einen Umschlag über meine Augen legen wollte, sah ich, dass er mit einem roten Herz bemalt war. Ich schaute mir den Umschlag genauer an und erkannte anhand der Adresse den Brief, den ich meiner ersten Liebe Marina geschrieben hatte. Welchen Briefumschlag ich auch in meine Hände nahm, sie waren adressiert an Frauen, die ich geliebt hatte. Alle hatten ein großes rotes Herz auf dem Kuvert. Aber die Umschläge waren ohne Inhalt. Wo waren sie, die Liebesbeschwörungen, die sehnsuchtsvollen und berührenden Worte? Die erotischen Flammenmeere, die kaum in Buchstaben zu fassen waren? Ich schlug die Augen auf und erwachte langsam aus dem Traum. Verschwommen sah ich die aufgerissenen leeren Briefkuverts mit den großen roten Herzen vor mir …

***

Ich sortierte meine Post, als es an der Tür läutete.

»Wohl Bürotag heute«, sagte Kim Novack, lächelte mich an und ließ sich in den Sessel fallen. »Ich muss nicht helfen, oder?«

Ich verneinte, setzte mich in meinen Sessel und sah die Klientin an, die heute elegant gekleidet war. Das cremefarbene Kostüm stand ihr ausgezeichnet. Dazu trug sie eine weiße Bluse und hochhackige Pumps. Mit einem zufriedenen Lächeln nahm sie die Anerkennung für ihr heutiges Outfit wahr.

»Tatsache, oder?«

»Sie meinen?«, fragte ich verdutzt.

»Na, die Hausaufgabe war doch, dass ich mir Gedanken über den Unterschied zwischen Annahmen und Tatsachen mache.«

»Ja.« Ich war gespannt.

»Tatsache ist doch, dass ich mich heute anders als sonst angezogen habe und Sie es bemerkt haben.«

»Ja, sehr gut.« Ich war zufrieden, weil sie sich Mühe mit der Hausaufgabe gegeben hatte. »Und was ist eine Annahme?«

»Wenn ich annehmen würde, Sie würden mich heute Abend zum Abendessen einladen.«

Ich überging ihren nicht ernst gemeinten Annäherungsversuch mit einem Lächeln.

»Also eine Annahme ist nicht beweisbar, sondern eine Vermutung oder eine Meinung?«

»Ja.«

Ich stand von meinem Sessel auf, öffnete das Fenster und ließ Sommerluft und Vogelgezwitscher in das Zimmer hinein.

Während ich einen frischen Atemzug nahm, landete ein Spatz auf der Fensterbank.

»Oh, er ist wieder da!«, rief sie erfreut.

»Meinen Sie, das ist derselbe Spatz, der uns in unserer letzten Sitzung schon einmal besucht hat?«

»Ja, ich erkenne ihn wieder.«

Ein weiterer Spatz landete auf der Fensterbank, piepste und sprang seinen Artgenossen an, der daraufhin aufgeregt mit den Flügeln flatterte. Nach einigen Momenten des Turtelns flogen sie davon.

»Ob die beiden Süßen ein Paar sind?« Sie stand von ihrem Sessel auf, ging zum Fenster und schaute verträumt den Vögeln hinterher.

»Ist es eine Annahme oder Tatsache, dass die Vögel ein Paar sind?«

»Ach, Sie gemeiner Kerl! Ich will, dass die beiden ein Paar sind. So, und jetzt muss ich los, die Stunde ist eh vorbei.« Sie stand auf, strich ihren Rock glatt und verabschiedete sich mit einem festen Hände-druck.

Zur nächsten Therapiestunde kam sie zehn Minu-ten zu spät und saß abgehetzt und erschöpft vor mir. Ich schwieg in der Hoffnung, dass sie mir den Grund ihrer Verspätung heute verraten würde. Sie tat mir nicht den Gefallen, sondern hing in dem Sessel und sagte nichts. Ich war entspannt und gab ihr die Zeit, die sie brauchte. Nach ungefähr zwei Minuten räusperte sie sich und murmelte kaum hörbar: »Entschuldigung, der Verkehr, Sie wissen schon.«

»Ja, ich weiß, der Verkehr ist um diese Zeit nerven-aufreibend«, pflichtete ich ihr bei. Ich wollte ihren Widerstand niedrig halten und daher die Verspä-tung nicht weiter ansprechen. Vielleicht später. Ihr Kleidungsstil hatte sich im Vergleich zur letzten Sit-zung geändert. Das elegante Kostüm hatte sie gegen ein weites, schlabberiges Kleid getauscht.

»Er hat sich gemeldet und möchte sich mit mir treffen«, sagte sie unvermittelt, hob den Kopf und schaute mich mit ihren müden Augen an.

»Und?« Ich wollte sie aus der Reserve locken.

»Ich weiß nicht, was ich tun soll. Er hat sich vor zwei Tagen gemeldet und seitdem kann ich kaum schlafen.«

»Ich denke, es ist aus zwischen Ihnen?«

»Hatte ich gedacht«, seufzte sie, »aber ich habe über unsere letzte Stunde reflektiert.«

»Worüber?«

»Über Annahmen und Tatsachen. Ich habe die Beziehung mit Jens überdacht und festgestellt, dass der Vorwurf, er ginge andauernd fremd, nicht auf Tatsachen beruht, sondern auf meinen nicht beweisbaren Annahmen.«

»Es gibt keine Beweise?«

»Nein. Nur Phantasien in meinem Kopf.«

»Was macht Sie an dieser Erkenntnis so fertig?«

»Ich habe Jens mit meinen Anschuldigungen unrecht getan und damit unsere Beziehung zerstört.«

Sie stand auf, ging zum Fenster und schaute hinaus. Abrupt drehte sie sich zu mir herum. Ich sah Tränen in ihren Augen. »Ich liebe ihn noch immer, und nun ist alles aus«, schluchzte sie. Ich bat sie, Platz zu nehmen, und reichte ihr ein Taschentuch.

»Hat Jens gesagt, warum er Sie treffen möchte?«

»Er vermisst mich.«

»Klingt nicht nach einer zerstörten Beziehung.«

»Nicht?«

Sie wischte sich die Tränen aus den Augen.

»Was kann ich Ihrer Meinung nach tun? Ich würde Jens gerne sehen.« Ein Blitzen in ihren Augen verriet einen Funken Hoffnung.

»Schreiben Sie ihm einen weiteren Brief.«

»Noch einen? Ich weiß nicht, was ich ihm schreiben soll!«

»Einen Liebesbrief.«

»So wie am Anfang unserer Liebe?«

»Ja.«

Sie steckte das nasse Taschentuch in ihre Handtasche. »Okay, eine schöne Hausaufgabe. Und wie ich Sie kenne, darf ich ihn zur nächsten Stunde mitbringen?«

»Das wäre wunderbar. Wir sprechen in der nächsten Sitzung über den Brief und darüber, was Sie mit ihm anfangen könnten.«

***

Sie lächelte mich verständnisvoll an. »Markus, dein Tick ist harmlos. Was ist daran so schlimm, wenn du dir mit den Händen durch die Haare fährst?«

»Birgit, der Tick stört mich. Manchmal mache ich das dreimal am Tag.«

»Okay, du möchtest in unserer heutigen Sitzung über dein Durch-die-Haare-Streicheln sprechen.«

»Ja.«

Birgit war meine langjährige Freundin und Supervisorin. Einmal im Monat trafen wir uns, um über meine Fälle zu sprechen. Wir starteten oft mit einem Thema, das mich persönlich beschäftigte. Im Laufe der Stunde stellte sich meistens eine Verbindung zu einem meiner Klienten und dessen Problem heraus.

Birgit warf ihre dunkle Haarmähne mit einem Ruck zurück und sah mich fest an.

»Wenn man sich mit den Händen durch die Haare fährt, sind dies Körperberührungen, die oft dazu dienen, sich zu beruhigen. Beunruhigt dich zurzeit etwas?«

Ich überlegte und fühlte tief in mich hinein. Ich wurde nicht fündig und schüttelte den Kopf.

»Nicht, dass ich wüsste. Mir geht es gut. Die Praxis läuft und ich jogge fast täglich, fühle mich körperlich fit.«

Birgit nickte. Ich versuchte, in ihren braunen Augen zu lesen. Kein Zucken in ihnen verriet ihre Gedanken. Sie drehte sich zur Seite und schaute aus dem Fenster.

»Feierst du nicht in diesem Jahr deinen fünfzigsten Geburtstag?«

Ich setzte mich aufrecht in den Sessel.

»Was hat das denn damit zu tun?«

»Hast du einen Klienten, der fünfzig Jahre alt wird oder geworden ist?«

»Ja. Der Klient ist in eine Lebenskrise gerutscht, nachdem er fünfzig Jahre alt geworden ist. Du meinst, der Patient schürt meine Angst vor dem Älterwerden und ich fahre mir deshalb durch die Haare?«

»Könnte sein. Durch die Haarberührungen beruhigst du deine Angst.«

»Wovor?«

»Vor dem Älterwerden.«

Ich war erstaunt über ihre Analyse. »Du hast recht, Birgit. Mein fünfzigster liegt mir schwer im Magen und es ist nicht mehr lange hin bis zu dem Geburtstag am Ende des Jahres.«

Sie lächelte, stand von ihrem Sessel auf, schlenderte nachdenklich im Praxisraum auf und ab und blieb abrupt vor mir stehen.

»Deswegen fährst du dir nicht mit den Händen durch die Haare, oder?«

»Nein, den Tick habe ich schon ein bisschen länger. Da habe ich noch nicht an meinen fünfzigsten Geburtstag gedacht.«

Ein Beben um ihren dezent hellrot geschminkten Mund verriet ihre Enttäuschung.

»Wenn du magst, können wir in der nächsten Stunde weiter nach der Ursache deines Ticks suchen.«

»Gern. Aber ich glaube, da brauchen wir noch einige Stunden«, sagte ich, stand von meinem Sessel auf und verabschiedete mich von ihr.

***

Kim Novack stand pfeifend vor meiner Praxistür.

»Na, auch gut drauf heute?«, fragte sie lachend und zeigte dabei ihre weißen Zähne.

»Ein wundervoller Tag«, antwortete ich, schloss die Praxis auf und bat sie, Platz zu nehmen.

»Ich hätte heute gerne einen Kaffee«, sagte sie, »mit Milch und Zucker.« Es schien ihr gut zu gehen. Den von mir angebotenen Kaffee hatte sie in den Sitzungen zuvor abgelehnt. Sie strahlte mich an.

»Hier ist er.« Sie reichte mir einen Briefumschlag.

»Na, öffnen Sie schon«, sagte sie ungeduldig.

Ich nahm das Kuvert und bekam einen Schreck. Auf den Briefumschlag war ein rotes Herz gemalt, wie in meinem Traum. Ich sah in den Umschlag und beruhigte mich. In ihm war ein Brief, nicht wie in meinem Traum. Ich fingerte einen sorgfältig geknickten Bogen heraus und las den ersten großgeschriebenen Satz: ICH LIEBE DICH.

»Berührend«, sagte ich und steckte den Bogen sorgfältig in den Umschlag zurück.

»So fühle ich für ihn und das soll er wissen. Wir treffen uns heute Nachmittag im Stadtpark.«

»Wo da?«

»Am Stadtparksee, unserem Lieblingstreffpunkt. Er ist ein begeisterter Modellbauer und lässt dort seine Modellschiffe fahren.«

»Ich habe eine Idee, wie Sie ihm den Brief überreichen können«, schmunzelte ich und erzählte ihr von meiner Idee.

»Das ist ja wundervoll, so mache ich es. Romantisch. Hätte ich Ihnen gar nicht zugetraut«, zwinkerte sie mir zum Abschied zu. »Ich schicke Ihnen einen Handyfilm, damit Sie sehen, was aus Ihrer Idee geworden ist.«

Es war ein heißer Sommer. Ich verbrauchte mehr Taschentücher für den Schweiß, der mir von der Stirn rann, als für die Tränen der Klienten. Ich trank die zweite Flasche Mineralwasser an diesem Morgen und wartete auf meine nächste Klientin. Die bei dem heißen Wetter sicher lieber in einer Eisdiele saß statt beim Therapeuten, vermutete ich und schaute auf mein Handy, das kurz summte. Eine SMS von Kim Novack.

»Lieber Herr Stern, schauen Sie sich den Film an. Tausend Dank für alles«, schrieb sie und beendete die Nachricht mit einem Herz-Smiley. Ich öffnete die angehängte Datei mit dem Film und sah, wie sie am Stadtparksee saß und einen Brief in ein Modellsegelschiff drückte. Der Film wurde scheinbar von einer Freundin aufgenommen. Ich hörte sie im Hintergrund kichern. Sie steuerte das Schiff mit einer Fernbedienung auf einen jungen Mann zu, der Jens, ihr Ex-Freund, sein musste. Er hielt ein Modell-Containerschiff in seinen Händen. Das Segelschiff schwamm auf ihn zu und fuhr vor ihm auf dem Sand auf. Er schaute irritiert auf das Segelschiff, legte sein Schiff auf den Boden und sah sich um. Er entdeckte niemanden, dem das Segelschiff gehören könnte, und nahm es in die Hände und untersuchte es. Die Kamera zoomte ihn heran und er nahm einen Brief, auf dessen Umschlag ein rotes Herz gemalt war, aus dem Schiff. Die Kamera schwenkte auf Kim Novack, die unbemerkt von ihm um den See gelaufen war. Er öffnete den Brief und las ihn, dabei liefen ihm Tränen über die Wangen. Kim Novack stand nun hinter ihm und sagte etwas, das ich leider nicht verstehen konnte. Er drehte sich überrascht zu ihr um, nahm sie in die Arme und küsste sie. Der Liebesbrief flatterte durch die Luft und landete sanft auf dem Wasser, wo leichte Wellen ihn forttrugen. Ich freute mich sehr für die beiden und wollte den Tag mit dieser schönen Nachricht ausklingen lassen. Ich räumte den Schreibtisch auf und wollte gerade das Fenster schließen, als ich in der Eiche gegenüber zwei Spatzen sah.

Sie saßen eng beieinander und schienen glücklich, sehr glücklich.

»Wo sind meine Gefühle?«

Das kühle Wasser, das mir beim Schwimmen ins Gesicht spritzte, fühlte sich wie ein Sommerregen an. Es war ein heißer Sommer und ich nutzte jede Gelegenheit, um mich abzukühlen. Das Freibad lag in der Nähe meiner Praxis und manchmal traf ich dort auf Klienten.

»Hey, Herr Stern, ich wusste gar nicht, dass Sie schwimmen können!« Ich drehte den Kopf und sah Nils Petersen neben mir plantschen. Ich tauchte und tauchte und tauchte …

***

»Ich dachte, Sie würden niemals mehr auftauchen!« Die Stimme von Nils Petersen klang vorwurfsvoll. »Und dann waren Sie plötzlich aus dem Freibad verschwunden. Ich hätte Sie gern auf ein Bierchen eingeladen.«

»Danke, das weiß ich zu schätzen. Vielleicht beim nächsten Mal.« Ich schenkte ihm Wasser in sein Glas und ging nicht weiter auf das Thema ein, sondern fragte ihn: »Herr Petersen, was hatten Sie gefühlt, als ich vor Ihnen weggetaucht bin?«

Er suchte nach Worten und starrte dabei an die Decke. »Unverständnis?« Er sah mich fragend an.

»Nicht Traurigkeit?«

»Nein, Traurigkeit entspricht nicht dem Gefühl.«

»Was passt dann?«

»Ich weiß es nicht.«

Seine Augen kämpften mit den Tränen, gaben den Kampf auf. Sie rannen sanft über seine Wangen.

»Eventuell hat es mit dem schrecklichen Erlebnis mit meiner Frau zu tun«, flüsterte er mit gesenktem Kopf.

***

Nils Petersen war früher von der Arbeit nach Hause gekommen. Er hatte sich nicht wohl gefühlt. Rückenschmerzen quälten den Elektromeister. Er schloss die Haustür auf und stutzte. Stöhnen drang aus der Küche. Er näherte sich der Küche mit wackeligen Knien, öffnete unsicher die Tür und wollte sie sofort wieder zuwerfen, er sah, was er nie hatte sehen wollen. Seine Frau lag mit hochgezogenem Kleid nach vorn gebeugt über den Küchentisch. Hinter ihr stand ein kräftiger Mann mit heruntergezogenen Hosen und stieß sie mit harten Stößen.

Der Anblick war zu viel für Nils Petersen. Er kippte bewusstlos um und fiel gegen den Liebhaber seiner Frau.

Er wachte mit Kopfschmerzen auf und sah in das Gesicht seines Nachbarn und das seiner Frau, die sich beide über ihn beugten.

Sie brachte ihn ins Krankenhaus, wo er Wochen brauchte, um sich von dem Schock zu erholen.

Seine Frau hatte seinen Krankenhausaufenthalt genutzt, um aus der gemeinsamen Wohnung auszuziehen. In der Folge rutschte Nils Petersen in eine Lebenskrise und kontaktierte mich.

Es roch nach frischer Farbe in Birgits Praxis. Fragend schaute ich meine Supervisorin an.

»Ich hatte eine Ehekrise und daraufhin brauchte ich eine neue Farbe in meinem Leben.«

Ich sah auf die pinkfarbenen Wände.

»Nach der Farbe zu urteilen war die Krise heftig gewesen …«

»Ja, ich habe ihn rausgeschmissen, möchte nicht weiter darüber reden. Du kommst zu mir in die Supervision und nicht umgekehrt«, sagte sie bestimmt.

Ich nickte und setzte mich in einen bequemen Sessel, sie nahm Platz in dem gegenüberstehenden und kam gleich zur Sache.

»Wann bist du dir das letzte Mal durch deine Haare gefahren?«

Ich schloss die Augen und musste nicht lange überlegen.

»Das letzte Mal war vor einigen Wochen, als ich die Palme in meiner Praxis gießen wollte.«

»Ja?«

In Birgits Stimme schwang Ungeduld mit. Der Streit mit ihrem Ehemann Jürgen spiegelte sich in ihr. Es war ein Dauerstreit, der sich wie ein roter Faden durch ihre Ehe zog. Jürgen war auch Therapeut. Beide bearbeiteten sich mit psychologischen Mitteln und machten sich das Leben zur Hölle.

»Ich sah, dass die Palme schon ziemlich vertrocknet war und bin mir durch die Haare gefahren.«

»Warum?«

»Ich weiß es nicht. Vielleicht war ich traurig darüber, dass die Palme dem Ende entgegengeht?«

»Verlustängste?«

»Wegen einer Palme?«

»Was hat dich gehindert, die Pflanze zu gießen, bevor sie anfing zu vertrocknen?«

»Das habe ich mich schon gefragt, aber keine Antwort gefunden.«

»Könnte es sein, dass du die Palme unbewusst nicht gegossen hast, damit du ihr Ende bestimmst?«

»Wie meinst du das?«

»Na, es könnte sein, dass es für dich einfacher ist, eine Beziehung zu beenden, als verlassen zu werden.«

»Du meinst, die Ursache des Ticks ist nicht die Angst vor dem Alter, wie in der letzten Stunde besprochen, sondern nicht verarbeitete Verluste in meinem Leben?«

»Denk bitte bis zu unserer nächsten Stunde darüber nach. Eventuell kannst du die eine oder andere Verbindung zwischen erlittenen Verlusten und deinem Tick herstellen.«

Spannende Schlussfolgerung, dachte ich. Von einer nicht gegossenen Palme zu nicht verarbeiteter Verlustangst zu kommen, ist genial. Ob das die Ursache für meinen Tick war?

Wir verabschiedeten uns mit einer herzlichen Umarmung. Beim Hinausgehen sah ich, wie sie sich durch ihre dunkle Haarpracht fuhr …

***

Ich ließ einen Eiswürfel in mein Wasserglas fallen und schaute Nils Petersen aufmunternd an. »Ich kann Sie absolut verstehen, dieses Erlebnis war zu extrem für Sie, oder?«

»Ja, ich kann es immer noch nicht fassen. Ich weiß nicht mehr, wem ich trauen kann. Meine Frau war die größte Vertraute für mich.«

Er sah unendlich traurig aus.

»Und nun?«

»Hasse ich sie!«

»Wie fühlt sich hassen für Sie an?«

»Schrecklich!«

»Wie schrecklich?«

»Ich könnte sie umbringen!«

»Wen umbringen?«

»Meine Frau!«

»Und Ihren Nachbarn?«, bohrte ich weiter.

»Den könnte ich vierteilen!«, schrie er und schlug mit voller Wucht auf den Tisch.

Endlich lässt er seine Wut raus, dachte ich.

Langsam beruhigte er sich und atmete geräuschvoll aus.

»Oh, das tat gut. Ich fühle mich befreit, aber auch erschöpft.«

Ich ließ ihm die Zeit, sich zu erholen, und wir verabredeten uns für die darauffolgende Woche.

***

Ein Operntenor holte tief Luft und sang den Papageno aus Mozarts Zauberflöte. Ich versuchte stimmlich mitzuhalten, was kläglich scheiterte, und las mir die Akte meines nächsten Patienten durch. Nils Petersen machte kleine Fortschritte in der Entwicklung, dachte ich. Die unterdrückte Wut auf seine Frau und ihren Liebhaber hatte er in der Sitzung gefühlt und ausdrücken können. In dieser Therapiestunde wollte ich mit ihm über die Reste der Wut in ihm und die Traurigkeit sprechen, die er nicht zulassen konnte.

Es läutete an der Tür und ich öffnete Nils Petersen mit einem einladenden Lächeln. Er griente kurz zurück und rauschte an mir vorbei in das Behandlungszimmer. Schwungvoll setzte er sich in den Sessel.

»Herr Petersen, wie geht es Ihnen heute?«

»Gut! Ich kann wieder arbeiten, der Kontakt mit meinen Kollegen und Kunden tut mir sehr gut.«

»Das freut mich.« Ich schaute ihm in die Augen und sah ein leichtes Zucken seiner Augenlider.

»Und die Wut?«

»Kann ich wieder fühlen seit unserer letzten Stunde. Gerade heute habe ich Ärger gefühlt und auch zugelassen.«

»Über wen haben Sie sich geärgert?«

»Meinen Chef.«

»Warum?«

»Er hat mich zu einer Kundin geschickt, die nicht zu Hause war.«

»Sind Sie umsonst hingefahren?«

»Ja, das ist ärgerlich!«

»Hätte mich auch geärgert. Was haben Sie gemacht?«

»Was soll ich schon getan haben – ich habe mich in mein Auto gesetzt und bin wieder in die Firma gefahren.«

»Was ging Ihnen während der Autofahrt durch den Kopf?«

»Das weiß ich nicht mehr!«

»Lehnen Sie sich entspannt zurück, atmen Sie tief ein und aus und versuchen Sie, sich zu erinnern.«

Er lehnte sich in den Sessel, schloss die Augen.

»Ich habe an meine Mutter gedacht. Sie war gestorben, da war ich neun Jahre alt.« Er machte eine Pause und ich ließ sie ihm, damit seine Erinnerungen Raum bekamen.

»Und als ich am ersten Schultag nach ihrem Tod nach Hause kam, hatte ich meinen Haustürschlüssel vergessen und stand vor der verschlossenen Tür, klingelte und klingelte.«

»Die Tür blieb Ihnen verschlossen?«

»Ja!«

»So wie Sie heute Morgen vor der Tür Ihrer Kundin standen und läuteten.«

»Und sie auch nicht öffnete. Aber auf die war ich wütend.«

»Waren Sie damals nicht ärgerlich auf Ihre Mutter, weil sie Ihnen die Tür nicht geöffnet hatte?«

Er sah mich fassungslos an. »Zornig auf meine Mutter? Nein, niemals. Das lass ich nicht zu.«

Er sah mich an und ich schwieg. Eine Minute verstrich, ohne dass wir etwas sagten. Er griff zum Wasserglas, trank es in einem Zug aus und setzte sich aufrecht in den Sessel.

»Jetzt, wo wir darüber sprechen … Ja, Sie haben recht. Ich war wütend auf meine Mutter, als ich vor unserer Haustür stand und sie nicht öffnete. Und ich war, nein, ich bin immer noch wütend und traurig, weil sie mich alleingelassen hat. Sie hat sich aus dem Staub gemacht und fehlt mir bis heute.«

»Woran ist Ihre Mutter gestorben?«, fragte ich mit leiser Stimme.

»Sie starb an einem Herzinfarkt. Von einem Moment auf den anderen ist sie in eine andere Welt abgetaucht.«

»So wie ich damals im Freibad weggetaucht bin?«, flüsterte ich.

»Na ja, das ist nicht zu vergleichen. Aber als Sie vor mir abtauchten, fühlte ich mich auch einen Moment alleingelassen.«

»Und als Ihre Frau Sie verlassen hat?«

Er riss die Augen auf, starrte mich an und wurde von einem heftigen Weinkrampf geschüttelt.

Nachdem er sich beruhigt hatte, gab ich ihm ein Papiertaschentuch.

»So wie damals, als meine Mutter starb, fühle ich mich auch jetzt: traurig, einsam und verlassen.«

»Das kann ich sehr gut verstehen. Es sind zwei schwere Verluste – die Mutter in der Kindheit und nun Ihre Frau.«

»Beide habe ich geliebt.«

Ich nickte und hielt still mit ihm seine Tränen und die Trauer aus. Nach einigen Minuten seufzte er. »Es hat mir gutgetan, darüber zu sprechen. Ich fühle mich etwas erleichtert.«

***

Ich goss die fast vertrocknete Palme und fühlte in mich hinein, ob Verlustängste, die meine Supervisorin mir attestierte, in mir aufstiegen. Ja, ich war schon traurig über den erbärmlichen Zustand der Pflanze, aber das Einzige, was jetzt in mir aufstieg, war Durst auf ein kühles Glas Weißwein. Ich schloss die Praxis ab und fuhr mit dem Fahrrad in die Dorotheenstraße zu meinem Lieblingsitaliener. Dort setzte ich mich auf die Terrasse und bestellte ein Glas Wein. Um mich herum tobte das Leben. Frauen in kurzen Sommerkleidern und Männer in Shorts lachten, tranken und genossen diesen Supersommer 2018. Seit Wochen hielten sich die Temperaturen bei dreißig Grad und in der Stadt machte sich ein mediterranes Leben breit. Die Menschen liebten es, abends lange auf der Terrasse zu Hause oder in den Restaurants zu sitzen und die südliche Lebenslust zu genießen.

»Dürfen wir uns zu Ihnen setzen?«

Mit einer einladenden Handbewegung bat ich das ältere Ehepaar, auf den beiden Stühlen an meinem Tisch Platz zu nehmen.

Sie bestellten eine Flasche Champagner und sahen sich lächelnd an. Sie mochten über achtzig Jahre alt sein. Er saß preußisch gerade auf dem Stuhl. Seine vollen grauen Haare waren akkurat kurz und sein fein geschnittenes Gesicht braun gebrannt.

»Möchten Sie auch ein Glas? Wir haben heute etwas zu feiern.«

Ich schaute in klare blaue Augen. Ihre Lippen waren trotz ihres Alters voll und geschminkt.

»Sehr gern«, antwortete ich, nahm das Glas und stieß klirrend mit ihnen an.

»Wir stoßen auf die Wiedergeburt meiner Frau an«, sagte er und füllte die halb leeren Gläser wieder auf. »Meine Frau hatte Magenkrebs und die heutige Untersuchung hat ergeben, dass sie metastasenfrei ist.«

»Ja, es war eine schwere Zeit«, sagte sie leise. »Ich hatte kaum noch Hoffnung, dass es besser würde, aber die Bestrahlungen halfen.« Tränen suchten sich ihren Weg über ihre Falten.

»Und nun wollen wir feiern. Jeden Tag«, rief er und schwenkte das Glas, »solange wir noch können. Nicht wahr, mein Schatz?« Er sah sie liebevoll an. Sie nahm ihn in ihre Arme und küsste ihn zärtlich. Die Szene rührte mich so sehr, dass ich schlucken musste. Ich schenkte den beiden Champagner nach und verließ den Tisch, damit sie ihr wiedergefundenes Lebensglück feiern konnten.

***

»Ich liebe mein Leben wieder!«, rief die dreißigjährige Klientin und zur Bestätigung ihrer Lebensbejahung riss sie ihre blauen Augen auf und lachte mich an.

»Das freut mich sehr. Auf diesen Satz habe ich gewartet.« Zufrieden klappte ich ihre Patientenakte zu und verabschiedete sie mit einem Lächeln.

Mein nächster Klient war Nils Petersen. Sofort spürte ich, dass es ihm heute besser ging als in den Therapiesitzungen zuvor.

»Ich habe vor der Praxis Ihre letzte Klientin getroffen. Die war ja gut drauf. Die Tabletten, die Sie ihr gegeben haben, hätte ich auch gern.«

»Sie hat keine Tabletten von mir bekommen.«

»Was denn?«

Ich lächelte vielsagend.

»Okay, ich verstehe, aber mir geht es gerade auch sehr gut.«

»Wunderbar. Ich freue mich für Sie. Gibt es einen Auslöser für Ihre ausgezeichnete Stimmung?«, fragte ich und wischte einen Krümel von der Sessellehne.

»Sie ist schwanger!«

»Wer?«, fragte ich irritiert.

»Meine Ex-Frau.«

»Oh.«

»Nee, nee, alles gut.«

»Sie freuen sich?«

»Ja schon. Michelle hatte mich gestern angerufen und gesagt, dass sie mit ihrem Liebhaber Schluss gemacht hat. Dann eröffnete sie mir in einem Nebensatz, dass sie schwanger ist.«

»In einem Nebensatz?«

»Ja, das hatte mich auch stutzig gemacht und ich habe sie direkt darauf angesprochen. Das habe ich ja bei Ihnen gelernt, Dinge, die mich stören, sofort anzusprechen und nicht auf die lange Bank zu schieben.«

»Hat sie sich geschämt, Ihnen nicht gleich von der Schwangerschaft erzählt zu haben?«

»Ja, denn sie weiß nicht, ob das Kind von mir ist oder von ihrem Liebhaber.«

»Und da lächeln Sie trotzdem?«

»Ja. Sollte ich nicht?«

»Nein, nein! Es ist das erste Mal, dass ich Sie so richtig lächeln sehe, und darüber freue ich mich.«

Er nickte.

»Das Kind ist von mir, ich weiß es.«

»Und wenn es so ist?«

»Dann würde ich zu Michelle zurückgehen und Vater werden.«

»Wäre alles gut?«

»Nicht alles. Wir haben uns zu einer Paartherapie entschlossen, in der wir die Ursachen unserer Krise aufarbeiten wollen.«

Ich nickte zustimmend.

»Und morgen habe ich einen Termin für einen Vaterschaftstest.«

Wir beendeten die Sitzung und kamen überein, dass, wenn das Ergebnis des Testes vorläge, er sich bei mir melden und wir dann einen neuen Termin vereinbaren würden.

***

Es dauerte vier Wochen, bis wir uns wiedersahen.

Nils Petersen hatte überraschend seine Frau Michelle mitgebracht, die mich lächelnd ansah.

»Ich wollte Sie unbedingt treffen, Herr Stern, und mich bei Ihnen bedanken.«

»Wofür?«

»Dass Sie Nils in seiner schwierigen Zeit unterstützt haben.« Sie ergriff die Hand ihres Mannes. »Wir wollten Ihnen gemeinsam die frohe Kunde überbringen.«

»Welche?«

»Es ist unser Kind und wir sind wieder zusammen!«

Sie fielen sich weinend in die Arme.

Hand in Hand verließen sie die Praxis und ich sah ihnen durch das Fenster hinterher, als sie die Straße hinuntergingen. Es war ein schönes Bild. Michelles lange Haare flatterten im Wind um die Wette mit ihrem roten luftigen Sommerkleid. Er hielt ihre Hand und schien bei jedem Schritt zu hüpfen. Langsam verschwanden sie aus meinem Blickfeld.

Ich wendete mich dem Schreibtisch zu und schloss geräuschvoll die Akte von Nils Petersen.

Während ich die benutzten Wassergläser von dem Beistelltisch nahm, um sie in den Geschirrspüler zu stellen, fiel mein Blick auf die Palme oder vielmehr auf das, was davon übrig war. Ich goss den Rest Wasser, der sich in einem Glas befand, mit Schwung über die Pflanze. Ich beobachtete die Wassertropfen, die von einem vertrockneten Blatt nach unten auf das folgende Blatt fielen. Auf ein frisches, zartes, hellgrünes Blatt. Ich freute mich über das Lebenszeichen meiner Palme. Wir dürfen nie aufgeben, dachte ich, und wenn wir genau hinschauen, gibt es Hoffnung. Aus Totgeglaubtem kann etwas Neues und Schönes entstehen.

Der Schönheitschirurg

»Schönes Aussehen ist mein Geschäft.«

»Worte sind meins.«

»Ich verdiene mehr.«

»Da gebe ich Ihnen recht«, sagte ich und goss Tee in seine Tasse. »Im nächsten Leben werde ich Schönheitschirurg.«

»Kann ich Ihnen empfehlen, der Beruf hat mich reich gemacht.« Er nippte an dem Tee. »Aber er macht mich innerlich leer.«

»Wie meinen Sie das?«

»Ich blute aus. Ich gebe Kraft und Energie dafür, dass Menschen schöner werden, und habe das Gefühl, je schöner sie werden, desto älter, kraftloser und hässlicher werde ich.«

Vor mir saß ein gepflegt aussehender Mittfünfziger, braun gebrannt und elegant gekleidet. Aber irgendetwas an ihm passte nicht, wirkte unecht. Im Augenblick kam ich nicht darauf, was es sein könnte, ich war mir sicher, das Rätsel in den nächsten Therapiestunden zu lösen.

»Wie kommen Sie auf die Idee, dass die Arbeit Sie unattraktiver erscheinen lässt?«

»Was Sie sehen, ist meine Hülle. Ich weiß, wie ich sie präsentieren kann, und bin gut darin.« Er hob den Kopf und sah mich mit leeren, geschminkten Augen an.

»Ich will nicht mehr so leben.«

»Dann hören Sie auf und gehen Sie in den Ruhestand.«

»Nein, auf keinen Fall! Ich habe nichts anderes. Und weiß nicht, was ich dann tun soll. Ich habe weder ein Hobby noch eine Familie.«

Er sah mich an und erwartete, dass ich etwas sagte. Ich schwieg.

»Die Zeit war nicht da, um eine Familie zu gründen.«

»Schade, oder?«

Er fing an zu weinen und die sorgfältig gezupften Augenbrauen krümmten sich.

Ich reichte ihm ein Papiertaschentuch. Er nahm es und tupfte die Tränen ab. Schnell und professionell, wie ein Chirurg eine Operationsnarbe abtupft.

Er schaute auf seine Rolex und sprang auf.

»Ich muss los, in zwei Stunden habe ich die nächste Operation.«

»Was steht an?«

»Eine Lidstraffung.«

Ich nickte anerkennend und verabschiedete ihn. Dann ging ich in mein Badezimmer, sah in den Spiegel und hob meine herunterhängenden Augenlider an.

***

Der heiße Sommer ruhte sich aus. Regen prasselte gegen die Fensterscheiben und ich genoss die Temperaturen um zwanzig Grad. Ich schaute durch das Praxisfenster und sah auf der gegenüberliegenden Straßenseite zwei Kinder lachend über Regenpfützen springen. Ich schloss die Augen und träumte von meiner Kindheit, als ich mit meiner kleinen Schwester nicht über die Pfützen, sondern direkt in sie hineinsprang.

Das Läuten an der Tür riss mich aus meinem Traum und brachte abrupt die Wirklichkeit zurück. Ich öffnete die Tür und vor mir stand der Schönheitschirurg. Ich bat ihn, im Behandlungszimmer Platz zu nehmen.

Ich setzte mich in den Sessel und fragte ihn mit einem Lächeln: »Herr Gerber, wie sind Sie auf die Idee gekommen, Schönheitschirurg zu werden?«

»Mein Vater war schon plastischer Chirurg in einem Hamburger Krankenhaus. Sein Job war es, schwer entstellten Unfallopfern ihr Gesicht und ihr Leben zurückzugeben.«

Ich nickte und sah in ein erschöpftes Gesicht. Er kam abgehetzt zu unserem Termin und trank schlückchenweise Tee, den ich auf seinen Wunsch hin zubereitet hatte.

»Mein Vater war ein Vorbild für mich. Er hatte sein Leben der Wissenschaft und den Patienten verschrieben.«

»Hat Ihr Vater ein zufriedenes Leben geführt?«

Er nickte.

»Wann waren Sie zuletzt froh in Ihrem Leben?«

»Sie meinen glücklich?«

»Ja.«

»Wenn eine Operation geglückt ist. Wie die letzte Augenlidstraffung. Und mich die Patientin glücklich angeschaut hat, nachdem sie den Erfolg des Eingriffs gesehen hatte.«

»Wie hat sich das angefühlt?«

»Glück?«

»Ja.«

»Gute Frage. Wie fühlt sich Glück für mich an? Ich brauche eine Weile, um darüber nachzudenken.«

»Lassen Sie sich Zeit bis zu unserer nächsten Stunde«, sagte ich und beendete die Sitzung.

War ich glücklich? Ich rannte um die Hamburger Außenalster und fühlte in mich hinein und spürte eine tiefe Wärme in meinem Herzen. War das Glück?

***

»Ich habe Parkinson.«

»Seit wann?«

Schweigen.

»Seit drei Jahren.«

»Warum haben Sie es mir nicht erzählt?«

»Sie wissen doch, die Verleugnung ist eine wunderbare Abwehr unserer Psyche.«

»Was hat Ihre psychische Abwehr gelockert, sodass Sie mir das jetzt und heute erzählen können?«

»Die Medikamente wirken nicht mehr ausreichend.«

»Das bedeutet?«

»Meine Hände zittern so stark, dass ich das Skalpell nicht mehr sicher führen kann.«

Er versuchte, die Tränen zurückzuhalten, aber dann liefen sie über seine gelifteten Wangen und tropften auf sein weißes Hemd.

Da ich wusste, was zitternde Hände für einen Chirurgen bedeuten, sagte ich nichts und hielt den Schmerz mit ihm aus.

***

»Birgit, was bedeutet Glück für dich?«

»Ich bin diejenige, die hier die Fragen stellt.« Sie versuchte, ein ernstes Gesicht zu machen. »Schließlich kommst du ja zu mir zur Supervision, um deinen Tick zu bearbeiten, Markus. Aber vielleicht suchst du das Glück in deinen Haaren, wenn du dir mit deinen Händen da durchfährst. Also, was bedeutet Glück für dich?« Fragend sah sie mich mit ihren braunen Augen an.

»Ich fühle mich gut und zufrieden, bin ich deswegen glücklich?«

Birgit schaute auf ihre Armbanduhr. »Die Stunde ist leider um. Denke bis zur nächsten Sitzung darüber nach, was Glück für dich ist.«

***

Der Schönheitschirurg kam zwanzig Minuten zu spät zur Therapiestunde.

»Entschuldigen Sie bitte, ich bin durcheinander. Ich habe meine Praxis vorübergehend geschlossen, bis ich weiß, wie es weitergeht.«

»Jetzt haben Sie viel Zeit, oder?«, fragte ich und lächelte ihn aufmunternd an.

»Ja, ich weiß nicht, was ich mit meiner Zeit anfangen soll. Zum ersten Mal seit dreißig Jahren habe ich kaum Termine. Außer bei Ihnen und dem Neurologen.«

»Wenn Sie Ihrer Fantasie freien Lauf ließen, würde Ihnen etwas Verrücktes einfallen, was Sie schon immer einmal tun wollten?«

Er lehnte sich in den Sessel zurück und schloss seine Augen.

»Tango tanzen.«

»Das klingt aufregend.«

»Ja. Vor zwanzig Jahren hatte ich eine Frau aus Argentinien kennengelernt und die brachte mir den

Tanz bei. Es war eine schöne Zeit, mit ihr und dem Tango.«

»Waren Sie glücklich?«

Er öffnete die Augen und sah mich verdutzt an.

»Ja, in dieser Zeit war ich glücklich. Mit der Frau bin ich buchstäblich in den siebten Himmel hineingetanzt.«

Als unsere Sitzung zu Ende war und ich ihn verabschiedete, hatte ich das Gefühl, er tanze durch die Tür nach draußen.

***

»Hast du deine Hausaufgaben gemacht?«

»Hm, ich habe nachgedacht, was Glück für mich ist, aber nicht intensiv.«

»Was hat dich gehindert?«

Ich erwähnte meine Arbeit und dass die Zeit schnell vergangen sei bis zu unserem heutigen Termin.

»Du benutzt die gleichen Ausreden wie deine Patienten, wenn sie ihre Hausaufgaben nicht oder unzureichend gemacht haben.«

»Birgit, ich erledige meine Hausaufgaben hier und jetzt.«

»Meinetwegen.«

Ich schloss meine Augen. Fühlte in mich hinein. Versuchte, das Glück aufzuspüren. Mein Körper wurde heiß. Ich ging tiefer in meine Seele und erfuhr eine Zufriedenheit. Meine innere Stimme sagte mir, ich solle tiefer gehen. Ich wäre dem Glück nah. Ich kochte. Schweiß rann mir von der Stirn.

»Markus! Markus!« Birgit schrie mich an. »Markus, um Gottes willen, was ist los mit dir?«

Langsam kam ich in die Wirklichkeit zurück und bat um ein Glas Wasser.

»Da hast du mir ja einen schönen Schrecken eingejagt.« Sie atmete kräftig aus und tupfte mir mit einem Taschentuch meine schweißnasse Stirn ab.

»Mir geht es gut, ich war kurz davor, unendliches Glück in mir zu spüren.«

»Glück?«

»Ja!«

»Du warst nah dran, hast die Hitze gespürt und dich beinahe daran verbrannt?«

»Ja, ich wäre gern in den Flammen des Glücks umgekommen.«

»Ist es nicht wunderbar? Du kannst das Glück in dir spüren.«

»Es war wunderbar«, sagte ich und fühlte nicht mehr länger Schweiß von der Stirn tropfen, sondern Tränen aus meinen Augen.

Birgit nahm mich fest in den Arm. Dann ließ sie mich los und fuhr mir sanft durch die Haare. Nie zuvor hatte sich mein Tick so wunderbar angefühlt.

»Ich habe mich zu einem Tanzkurs angemeldet.«

»Tango?«

»Ja. Und es fühlt sich gut an.«

»Wo in Ihnen fühlt es sich gut an?«

Er setzte sich nach vorn auf die Sesselkante und schaute mich irritiert an. »Wie meinen Sie das?«

»Hat es sich in Ihrem Bauch gut angefühlt? Oder in Ihrem Herzen?«

»Ihr Therapeuten habt alle eine Macke!« Entrüstet lehnte er sich zurück in den Sessel.

»Wo spüren Sie Ihren Ärger?«

»Im Bauch.«

»Und wo haben Sie die Freude über die Anmeldung zum Tanzkurs gespürt?«

»Im Herzen!«

»Wie hat es sich konkret angefühlt?«

»Warm, schön.«

»Glücklich?«

»Fast.«

Zufrieden beendeten wir die Therapiestunde und verabredeten uns für die nächste Woche.

***

»Ich gehe in Rente.«

»Wie?«, fragte ich verdutzt.

»Die Praxis ist verkauft. Ich bekomme so viel Geld dafür, dass es bis an das Ende meiner Tage reicht.

Und wer weiß, wie lange ich durchhalte aufgrund der Parkinsonkrankheit.«

»Was werden Sie tun mit Ihrer freien Zeit?«

»In mich gehen.«

»Warum?«

Das Praxisfenster stand offen und ein Sommerwind wehte durch den Raum.

»Ich möchte aufhören, mein Leben nach Äußerlichkeiten auszurichten.« Er rutschte in seinem Sessel hin und her.

»An mir ist fast nichts echt. Auf dem Kopf wuchert eine Haartransplantation, mein Gesicht wird von einem Lifting zusammengehalten und nicht einmal der Po ist original.«

Er strahlte mich an.

»Ich habe auf der Reise in mein Inneres entdeckt, was lange verschüttet war.«

»Was haben Sie gefunden?«

»Meine Gefühle.«

Mir wurde warm.

»Ich habe hart gearbeitet, geschuftet, oft bis zum Umfallen. War egoistisch. Habe an Geld und andere Oberflächlichkeiten gedacht und habe meine tiefen Gefühle verschüttet.«

»Und haben sich selbst darüber vergessen«, sagte ich und sah durch das Fenster eine Regenfront, die sich rasch näherte.

»Ich konnte nicht mehr fühlen, war wie ein Roboter. Mechanisch. Keine Zeit, in mich zu gehen, mein inneres Wesen zu fühlen.«

»Was hat Sie zur Umkehr bewegt?«

Es fing an zu regnen. Ich schloss das Fenster.

»Unsere Gespräche. Und leider die Krankheit, auf die ich gern verzichtet hätte auf dem Weg zu meiner Selbsterkenntnis. Beim Tangotanzen fing ich an loszulassen, hörte auf, mich zu fragen, wie ich aussehe und ob ich das richtige Outfit dafür anhätte. Das war nicht mehr wichtig für mich.«

»Sondern?«

»Was in meinem Inneren passiert. Was ich fühle. Es war wunderbar. In mir spürte ich ein tiefes Gefühl von Freude und vielleicht auch Glück. Mein Körper wurde warm und die Haut kribbelte.«

»Herzlichen Glückwunsch, Herr Gerber, Sie sind auf eine Reise gegangen. Nicht in ferne Länder, nein – Sie sind auf die schönste, die schwierigste und gefährlichste Entdeckungsreise gegangen, die es gibt. Die Reise ins eigene Ich.«

Er nickte dankbar und wir verabschiedeten uns herzlich.

***

Ein Jahr später sah ich ihn wieder. Am Vorabend meines lange geplanten Urlaubes rannte ich kurz vor Ladenschluss in den Supermarkt, um ein paar

Besorgungen zu erledigen. Ich kam zeitgleich mit dem weißen Lieferwagen von der Hamburger Tafel vor dem Markt an. Aus dem Wagen stieg der ehemalige Schönheitschirurg. Seine Haare waren millimeterkurz geschnitten, dazu trug er einen langen Vollbart und alte abgewetzte, zerfranste Jeans. Alles Unechte an ihm war verflogen. Er schien in sich zu ruhen, obwohl die Kiste mit Lebensmitteln in seinen Händen stark zitterte …

Lachen Tanzen Lieben

»Wie finden Sie meinen neuen Ring?«

Ich warf einen Blick auf den überdimensionalen Ring, der ihren linken Zeigefinger zierte.

»Oh, wie der strahlt. Ein schöner Ring.«

»Von meinem neuen Schatz«, sagte sie und lächelte mich glücklich an. Dabei traten ihre Grübchen hervor.

»Ihre Beziehung ist nicht Ihr Problem?«

»Nein. Mit meinem Freund läuft es gut. Meistens.«

»Was darf ich für Sie tun?« Ich schaute mir Jasmin Lorenz genauer an. Vor mir saß eine attraktive Frau im Alter von siebenunddreißig Jahren. Ihr langes dunkles Haar hatte sie hochgesteckt. Die angeklebten Wimpern ließen ihre braunen Augen größer erscheinen. Die hautenge Jeans hatte am Knie ein ausgefranstes Loch.

»Ich habe viele Baustellen. Ich weiß nicht, wo ich anfangen soll.«

»Fangen Sie bitte mit der größten an.«

»Ich habe Angst, meinen Job zu verlieren.«

»Weshalb?«

»Ich denke, nicht gut genug für den Job zu sein. Es ist ein Gefühl und ich weiß nicht, woher es kommt.«

»Können Sie das Gefühl genauer beschreiben?

»Selbstzweifel.«

»Sie wirken nicht, als würden Sie ständig an sich zweifeln.«

»Ich weiß, ich wirke oft stark und selbstbewusst. Nach außen.« Sie sank in sich zusammen. »Aber in mir toben Selbstzweifel und Ängste.«

»Das Gefühl, nicht ausreichend für die Welt zu sein?«

»Ja, das Gefühl begleitet mich fast das gesamte Leben.«

Ihr linkes Auge zitterte.

»Wann fühlen Sie sich annehmbar?«

»Im Urlaub, da kann ich sein, wie ich bin, und keiner verlangt etwas von mir.« Sie setzte sich aufrecht in den Sessel.

»Ich fahre in der nächsten Woche nach Frankreich in den Urlaub und danach möchte ich gern schnellstmöglich einen Termin bei Ihnen bekommen. Wenn es zeitlich bei Ihnen passt.«

Ich nickte und wir vereinbarten einen Termin nach ihrem Urlaub.

***

»Ich habe in der Provence Urlaub gemacht und es war wunderbar.«

Sie saß braun gebrannt in einem langen weißen Sommerkleid vor mir.

»Ich habe im Urlaub über meine Baustellen nachgedacht.«

»Das ist gut.«

»Eine weitere Baustelle ist mein Perfektionismus. Ich will alles perfekt machen.«

»Und das bringt Sie öfters in Schwierigkeiten?«

»Ja.« Sie nahm sich ein Papiertaschentuch.

»In welchen Situationen bringt Sie der Perfektionismus in Schwierigkeiten?«

»Ich bringe meine Arbeiten in der Firma, zum Beispiel eine Präsentation, kaum zu Ende.«

»Weil Sie sich fragen, ob die Arbeit nicht doch ein bisschen besser zu erledigen ist?«

»Ja, ich überarbeite sie so lange, bis ich denke, dass die Präsentation perfekt ist und ich sie abgeben kann.«

»Und das kann dauern?«

»Ewig.«

»Und dann bekommen Sie Schwierigkeiten mit Ihrem Chef?«

»Richtig Ärger.«

»Daher Ihre Angst, den Job zu verlieren?«

Sie nickte.

»Kennen Sie den perfekten Menschen?«

Sie überlegte. Ich gab ihr die Zeit, die sie brauchte.

»Meine Schwester«, sagte sie triumphierend. »Die kriegt alles hin.«

»Wirklich alles?«

»Erwischt. Na ja, mit ihrer Ehe steht es nicht zum Besten.«

»Keine perfekte Ehe?«

»Nein. Eine perfekte Ehe gibt es nicht.«

»Ach so«, sagte ich trocken.

»Aber es gibt Wunderwerke der Musik, die sich vollkommen, ja perfekt anhören. Oder finden Sie nicht?«, sagte sie herausfordernd und wollte mich in ein Streitgespräch verwickeln. Da ich niemals mit Klienten streite, beendete ich die Sitzung mit dem Hinweis, dass sie sich dem Ende näherte und wir uns in der nächsten Therapiestunde weiter dem Thema widmen würden.

Die Hamburger Symphoniker spielten sich in einen Rausch.

Die Dynamik der Musik erfasste mich und ich fühlte mich mit einer unversiegbaren Energiequelle verbunden. Ein tosender Applaus zog den Stecker und ich war wieder in der Wirklichkeit. Pause. Ich ging mit dem Strom der Konzertbesucher in die Vorhalle, stellte mich an der Bar an und schaute mir die Damen und Herren der Hamburger Gesellschaft an. Mit einem Glas Rotwein stellte ich mich an einen Stehtisch. Mir gegenüber stand ein Ehepaar, beide um die siebzig Jahre alt. Sie trug eine Kette mit glänzenden Perlen und ein türkisfarbenes

Kleid. Ihr Ehemann bedankte sich mit einem jovialen Lächeln bei der Kellnerin, die ihm ein Glas Champagner brachte. Distanz zu den Menschen aufzubauen, ohne arrogant zu wirken, diese Kunst war ein Merkmal einiger gut betuchter Hamburger. Es läutete zum zweiten Teil der Sinfonie. Ich pilgerte zu meinem Platz, ließ mich sofort von der Musik einfangen und beobachtete den Dirigenten. Er führte die Musiker und ihre Instrumente. Derart unterschiedliche Musikinstrumente wie Geigen, Bass und Trommeln vereinigte er zu einem grandiosen, stimmigen Seelenkörper.

***

»Ich fühle eine Disharmonie in mir.«

»Fehlt Ihnen zurzeit das innere Gleichgewicht?«

»Ja.« Sie zupfte an ihrem kurzen Kleid. »Meine innere Balance ist nicht mehr da.«

»Wir hatten in der letzten Stunde den Perfektionismus besprochen und in der Sitzung davor Ihre Selbstzweifel und Ängste. Was stört heute Ihre innere Harmonie?«

»Die Liebe.«

Ich ließ mir nichts anmerken, aber diese Antwort überraschte mich.

»Ich bin schrecklich in meinen Freund verliebt. Ich muss ständig an ihn denken. Wenn ich ihn nicht sehe, verzehre ich mich vor Sehnsucht nach ihm und das bringt mich durcheinander.«

»Wer ist der Glückliche?«

»Ich habe mich in meinen Zahnarzt verliebt.«

»In Ihren Zahnarzt?«

»Ja, als er sich meine Zähne anschaute.«

»Was ist passiert?«

»Haben Sie sich noch nie verliebt?«

Ich schwieg.

»Okay, Sie wollen es genau wissen. Mein Puls schlug schneller, mir wurde heiß und mein Körper vibrierte.«

Erschöpft schaute sie mich an.

»Möchten Sie mehr hören?«

»Nein, das klingt wunderbar. Verliebt zu sein ist eines der allerschönsten Gefühle für uns Menschen. Es bringt uns durcheinander und die Hormone spielen verrückt.«

»Und ich war vorher schon innerlich konfus.«

»Jetzt sind Sie glücklich chaotisch, das ist doch ein wunderbarer Zustand.«

Sie lächelte gelöst. »Ja, das stimmt: durcheinander, aber verliebt.«

Wir beendeten die Sitzung und verabredeten uns für die folgende Woche.

***

Es war ein heißer Sommertag und ich erlaubte es mir, eine kniekurze Sommerhose und ein T-Shirt anzuziehen. Jasmin Lorenz kam in einer weiten hellen Baumwollhose und einer knallroten Bluse in unsere Stunde.

»Mögen Sie Klassik?«, fragte ich sie und tupfte mir die Schweißperlen von der Stirn.

»Ja, sehr. Warum?«

»Die Erklärung folgt«, antwortete ich und schob eine CD von den Berliner Philharmonikern in den CD-Player.

»Oh, Mozart«, freute sie sich.

»Ja, die 40. Sinfonie, wundervoll«, sagte ich und sog die Musik auf, konzentrierte mich aber sofort wieder auf meine Klientin.

»Was fällt Ihnen bei der Musik auf?«

»Die Melodie wird getragen von den Instrumenten. Es klingt harmonisch, leicht und schön.«

»Alles passt zusammen, nicht wahr? Kein Instrument ist so laut, dass es ein anderes übertönt.« Ich nahm die Fernbedienung des CD-Players und stellte die Musik lauter. Sie schaute mich fragend mit ihren großen braunen Augen an. »Die Musik ist wundervoll, zugegeben, aber was hat das mit meiner inneren Disharmonie zu tun?«

Ich ließ ihr die Sekunden, die sie brauchte.

»Ach, jetzt verstehe und fühle ich es. Mein inneres Orchester spielt nicht stimmig zusammen. Im Gegenteil. Mein Ensemble musiziert durcheinander.«

»Daher die Disharmonie«, sagte ich und stellte den CD-Player aus.

»Und wie stelle ich wieder Harmonie her in meinem Seelenensemble?«

»Wen braucht ein effizientes Orchester zuerst?«

»Einen Dirigenten?«

»Ja«, antwortete ich, »jemand muss das Orchester leiten, damit es klingt und nicht durcheinander spielt.«

»Ich brauche einen Dirigenten für meine Seele?«

»Ja, könnte hilfreich sein, um emotionale Turbulenzen besser auszusteuern.«

»Und wie mache ich das?«

»Das besprechen wir in der nächsten Stunde.«

»Oh, wie gemein«, lachte sie und verabschiedete sich mit einem festen Händedruck.

***

»Haben Sie über unsere letzte Stunde nachgedacht?«

»Ja, die Idee mit dem inneren Dirigenten hat mir gut gefallen. Ergibt Sinn, denn einer muss ja mein Gefühlsorchester leiten«, lächelte sie.

»Wer leitet das Orchester zurzeit?«

»Das Chaos«, lachte sie.

Ich holte mein Flipchart aus dem Vorraum und stellte es in die Mitte des Behandlungszimmers.

»Welche Anteile, spielen zu laut oder zu leise in Ihnen?«, fragte ich.

»Selbstzweifel. Zu laut.«

Ich malte ein Männchen und schrieb »Selbstzweifel« darunter.

»Ängste, Perfektionismus. Unerträglich laut!«

Ich malte weitere Männchen und schrieb die Namen der Anteile darunter.

»Die Selbstzweifel werden durch das Klavier dargestellt, die Ängste durch die Geigen und der Perfektionismus ist der Bass«, sagte sie. Sie stellte sich neben mich und malte Musikinstrumente in die Männchen.

»Und die Liebe? Wie malen wir das Männchen der Liebe?«

»Riesig, aber viel zu leise«, sagte sie und malte ein größeres Männchen.

»Welches Instrument spielt die Liebe in Ihrem inneren Orchester?«

»Eine Harfe.«

Ich malte in die Mitte des Blattes ein großes Strichmännchen.

»Wer ist das?«

»Das ist der Dirigent.«

»Ach ja, den hätte ich fast vergessen.«

»Was ist das Gegenteil von Angst?«

Sie überlegte lange und wiegte ihren Kopf.

»Mut?«

Welches Instrument?«

»Die Trommel.«

Ich nickte und malte ein Mutmännchen.

»Das Gegenteil von Zweifel?«

»Zuversicht?«

»Ja«, lächelte ich und ein Männchen voller Zuversicht entstand.

»Und welches Instrument?«

»Trompete!«

Erschöpft setzte sie sich in ihren Sessel und sah das Flipchart an. »Ja, so sieht mein inneres Chaos-Orchester aus.« Ein Lächeln huschte über ihr Gesicht. »Wie ich Sie kenne, ist die Stunde um und in der nächsten Sitzung schauen wir uns den Dirigenten genauer an. Stimmts?«

»Ja, Sie haben es messerscharf erkannt«, lächelte ich.

***

Mein innerer Dirigent schickte mich in der Mittagspause in eine Sushibar. Ich bestellte eine Auswahl verschiedener Häppchen und genoss den frischen Fisch und den leckeren Reis. Ich beobachtete einen langhaarigen Mann um die siebzig. Er hatte seine Haare zu einem Pferdeschwanz zusammengebunden und lächelte zufrieden in sich hinein. Er strahlte Leichtigkeit und Seelenruhe aus; auch als die Kellnerin beim Nachschenken Wasser auf seine Hose vergoss, verlor er nicht die Ruhe. Er schien mit sich und der Welt im Reinen zu sein. Die Gelassenheit war sein Dirigent.

Sie schwebte in die Praxis und ließ sich entspannt auf den Sessel fallen und lächelte mich an.

»Die Liebe ist zurzeit mein Dirigent, Herr Stern. Ist das nicht wunderbar?«

»Noch der Zahnarzt?«

»Ja, und er macht mich glücklich. Alle meine negativen Seelenanteile wie Ängste und Zweifel sind nicht mehr da.«

»Sondern?«

»Nur noch die Liebe«, hauchte sie mir entgegen.

Ich ließ ihr für zwei Minuten ihr Hochgefühl. »Aber nehmen wir einmal an, die Liebe mit Ihrem Zahnarzt ginge vorüber. Wer übernähme dann den Taktstock in Ihrem Seelenorchester?«

Sie schnappte nach Luft. »Daran möchte ich nicht denken.«

Schweigen.

»Wahrscheinlich wieder meine Ängste und Zweifel«, sagte sie. »Was soll ich tun?« Unschlüssig sah sie mich an.

»Wie wäre es mit einem unabhängigen und starken Ich? Das mit ihrem inneren Dirigenten gleichzusetzen ist.«

»Ich arbeite daran«, sagte sie lächelnd.

»Ihr Ich müsste meiner Meinung nach eine Autorität sein, weil es auf zu laute oder zu leise werdende Gefühle reagieren sollte.«

Sie nickte. »Es muss die zu laut agierende Angst herunterregulieren und den zu leise spielenden Mut mehr in Szene setzen.«

Ich lächelte zustimmend und bat sie, zu unserer letzten Therapiestunde in einem Abendkleid zu kommen.

Jasmin Lorenz kam in einem langen roten Abendkleid. Ihre Haare hatte sie hochgesteckt und ihre Lippen waren blutrot geschminkt. Ich hatte mich in meinen Smoking gezwängt und meine langen Haare zu einem Zopf gebunden.

»Wie feierlich heute«, sagte sie und setzte sich umständlich mit ihrem Abendkleid in den Sessel. »Den Grund dafür werden Sie mir gleich verraten?«

Erwartungsvoll und mit gespitzten Lippen sah sie mich an.

Ich nickte und gab ihr einen Taktstock.

Überrascht nahm sie den Stab, wendete ihn und betrachtete ihn von allen Seiten.

»Oh, einen Dirigentenstab wollte ich schon immer einmal in den Händen halten.«

Ich ging zu meinem CD-Spieler, legte eine CD mit einer Aufnahme von Beethovens 6. Sinfonie ein und drückte auf Play. Als die Musik erklang, bat ich sie, aufzustehen und zu dirigieren.

»Aber … aber, das kann ich nicht«, sagte sie und stand regungslos in der Mitte des Praxisraums.

»Dirigieren Sie. Bitte!«, rief ich ihr zu und stellte die Musik lauter.

»Ihre Gefühle!«

»Meine Gefühle?«

»Hören Sie die Geigen der Ängste? Zeigen Sie ihnen an, sich zurückzunehmen.«

Sie nickte und schwang beschwichtigend den Taktstock.

»Fordern Sie die Trommeln des Mutes auf, lauter zu spielen. Sie sind zu leise.«

Sie hob den Stab und dirigierte mit schwungvollen Bewegungen.

Das Klavier der Selbstzweifel dirigierte sie mit sparsamen Bewegungen.

Die Trompeten der Zuversicht dirigierte sie energisch.

»Der Bass ist zu laut!«, rief ich.

»Ja, mein Perfektionismus ist viel zu laut in meinem Gefühlsorchester.« Beschwichtigend senkte sie den Taktstock.

»Die Harfe der Liebe«, warf ich ein.

»Mein Lieblingsinstrument«, flüsterte sie verzückt und tanzte mit geschlossenen Augen.

Ich ließ ihr etwas Zeit und stellte die Musik erst leiser und schließlich aus. Lachend ließ sie sich erschöpft in den Sessel fallen. Ich klatschte ihr stehend Beifall.

»Danke, danke. Darf ich ein Glas Wasser haben? Obwohl Champagner zu diesem Anlass heute angemessen wäre.«

»Da haben Sie recht, Champagner wäre nach dieser brillanten Dirigentenleistung angebracht. Leider kann ich nur mit Wasser dienen.«

»Wasser ist okay. Ich fühle mich eh so, als hätte ich eine Flasche Champagner getrunken.«

»So emotional?«

»Ja.«

»Ihre Gefühle haben sich während der Dirigierens verändert?«

»Ja, ich hielt meine Angst im Zaum und stärkte meinen Mut und die Zuversicht. Ich habe ein Handwerkszeug, um meine Gefühle zu steuern. Danke, Herr Stern.«

»Ich habe ein Geschenk für Sie«, sagte ich, ging zu meinem alten Sekretär, holte einen neuen Taktstock aus der oberen Schublade und gab ihn ihr.

»Oh, danke. Der Dirigentenstab wird in meiner Wohnung einen Ehrenplatz bekommen und eine Erinnerung an unsere Therapiestunden sein.«

Der Vater

»Es ist wie eine Hintergrundmusik.«

»Die immer da ist?«

»Ja, die Melodie ist die gleiche: Tu das nicht! Pass auf! Streng dich an! Das schaffst du nicht!«

»Woher kommen die Stimmen?«

»Ich höre die Worte von meinen Nachbarn und Freunden, obwohl die das nicht zu mir sagen.«

»Fühlen Sie sich durch die Worte entwertet?«

Er griff zur Taschentuchbox und nahm sich gleich zwei Taschentücher.

»Ja, ich verstehe das nicht. Die wollen mir nichts Böses. Es sind meine Freunde und Nachbarn.«

»Das wird unsere gemeinsame Aufgabe sein: Ihre Stimmen im Hintergrund auf leise zu schalten.«

»Am liebsten wäre es mir, wenn wir den Ausschaltknopf finden könnten. Damit ich sie nie wieder hören muss.«

»Wir werden gemeinsam daran arbeiten.«

Ich krempelte die Ärmel meines Hemdes hoch Und bat ihn, es mir gleichzutun.

»Das fühlt sich gut an. Packen wir es an«, sagte er und stand kraftvoll auf.

***

»Ihre Unterlagen sind wie immer durcheinander, Herr Stern!«

Meine Steuerberaterin war ein Mann. Nein, natürlich war sie eine Frau, aber es war ihr nicht mehr anzusehen, dass sie einst eine sanfte und schöne Frau gewesen war. Das zarte Wesen war zum Fenster hinaus und ihre Schönheit lag Jahr für Jahr abgeheftet in ihren dicken Leitz-Ordnern.

»Ich werde mich bemühen …«

»Das sagen Sie immer!«, unterbrach sie mich. »Es ist jedes Jahr das Gleiche mit Ihnen. Furchtbar!« Wutentbrannt knallte sie meinen Ordner auf den Tisch, sodass meine mäßig einsortierten Blätter auf den Boden flogen.

Ich schaute demonstrativ auf meine Armbanduhr. »Ich muss in die Praxis. Der nächste Patient kommt gleich.« Ich stand auf und ließ sie mit den verstreuten Belegen und ihrer schlechten Laune zurück. Ich stieg in meinen Wagen und lächelte. Ich mochte sie. Hinter ihrer nach außen getragenen Ablehnung gegenüber Menschen steckte eine Wut, die sich hauptsächlich gegen männliche Klienten richtete, wie ich in den zwanzig Jahren, in denen ich ihr Mandant war, festgestellt hatte. Ich vermutete, dass ihre Wut ihrem Vater galt und sie sie auf alles, was männlich war, projizierte. Deswegen versuchte ich, ihren Wutanfällen mit Sanftmut zu begegnen. Was mir nicht immer gelang.

Ron Maas war ein Mann von etwa dreißig Jahren. Er hatte seine Beine elegant übereinandergeschlagen. Der dunkelblaue taillierte Maßanzug betonte seine sportliche Figur. Die Haare waren kurz, fast schwarz und mit viel Gel nach hinten gekämmt.

»Was macht Ihre Hintergrundmusik?«, fragte ich und öffnete das Fenster. Es würde heute ein wundervoller Sommertag werden, freute ich mich.

»Die ist seit unserer letzten Stunde leiser geworden.«

»Sanfter?«, fragte ich erstaunt.

»Ja, im Grunde habe ich sie in der letzten Woche nur einmal gehört. Als mein Chef mich in sein Büro rief.« Er rutschte in seinem Sessel hin und her. »Wir hatten unsere Jahresbesprechung.«

»Und?«

»Er hat mich gelobt.«

Er setzte sich auf die vorderste Kante des Sessels. Ich befürchtete, dass er abrutschen könnte, wenn er sich einen Millimeter weiter nach vorn bewegte.

»Er war zufrieden mit meinen Zahlen für das abgelaufene Jahr.«

»Gab es einen Bonus?«

»Einen beachtlichen. Doppelt so viel wie im letzten Jahr.«

»Ein Grund zum Feiern!«, rief ich.

»Nicht ganz«, sagte er resigniert und rutschte schlaff in dem Sessel nach hinten.

»Eine Stimme in mir murmelte: ›Glaube deinem Chef nicht. Der sagt das nur so und meint es nicht ehrlich.‹«

»Trotz der Bonuszahlung?«

»Die hat er mir nur gezahlt, um sein schlechtes Gewissen zu beruhigen.«

»Warum?«

»Weil er mich bald entlassen wird.«

Ich schwieg.

Er schaute mir in die Augen und sagte traurig: »Ja, Sie haben recht. Was ich denke oder meine Stimme mir sagt, ist paradox. Warum sollte mein Chef mir eine Gratifikation zahlen und mich dann entlassen?«

»Passt nicht zusammen, oder?«

»Weiß ich. Mein Kopf realisiert, dass ich gute Arbeit mache und mein Chef mich lobt. Mein Gefühl sagt mir etwas anderes.«

»Was sagt Ihr Gefühl?«

»Dass ich es nicht wert bin, dass man mir sagt, wie gut ich bin.«

»Wer sagt das Ihrem Gefühl?«

»Die verdammte innere Stimme, die mich fertigmacht.«

Er tat mir leid und als er so traurig vor mir saß, stieg mein Beschützerinstinkt in mir auf. Wie ein Vater, der den Sohn beschützen möchte.

Als wir uns verabschiedeten, drückte ich fest

seine Hand. In seinen Augen sah ich, dass er meine Warmherzigkeit ihm gegenüber spürte.

***

Ich joggte auf dem Alsterwanderweg und dachte über meinen Klienten Ron Maas nach. Eigentlich beschäftigte ich mich in der Freizeit nicht mit meinen Klienten, um abschalten und Kraft sammeln zu können, was mir oft gelang. Der Sommerwind trug mich über eine der schönsten Hamburger Laufstrecken. Ich fragte mich, warum ich über ihn in meiner Freizeit nachdenken musste. Er hatte den Vaterinstinkt in mir geweckt. Ich nahm mir vor, darauf zu achten, nicht in eine nachsichtige und gütige Vaterrolle zu rutschen, in der ich dann etwas übersehen würde, was in der Therapie von Bedeutung sein könnte. Ich lief schneller und alte Hamburger Villen, die links und rechts die Laufstrecke säumten, flogen an mir vorbei. In der nächsten Therapiestunde mit Ron Maas würde ich ein strenger Vater sein, um zu sehen, wie er darauf reagierte.

»Entschuldigen Sie bitte«, hechelte eine junge Frau und überholte mich schwer atmend.

Ich wollte dagegenhalten und lief hinter ihr her, um dann, pfeifend vor Anstrengung, neben ihr zu laufen.

»Sie sind ja in Form«, japste ich und sah in das schöne Gesicht einer etwa dreißigjährigen Frau.

»Ich trainiere für den Hamburger Marathon.« Ihr eng gebundener Pferdeschwanz hüpfte hin und her, während sie lief und sprach. »Ich laufe täglich.« Mich traf ein kurzer seitlicher Blick von ihr. »Sie trainieren nicht oft, oder?«

»Oh doch!«, sagte ich und versuchte, entrüstet zu klingen. »Ich laufe mindestens dreimal in der Woche.«

Sie lächelte. Schweißperlen rannen über ihr braun gebranntes Gesicht. »Sie haben den gleichen Laufstil wie mein alter Herr.«

»Ihr Vater?«

»Ja. Aber nun muss ich weiter. Ich darf heute noch arbeiten. Vielleicht bis bald«, sagte sie, schenkte mir ein mitleidiges Lächeln und zog uneinholbar an mir vorbei.

»Der gleiche Laufstil wie ihr Vater«, murmelte ich und spürte, dass ich gekränkt über die Bemerkung der unbekannten Joggerin war. Wollte sie sagen, ich sei alt und ein langsamer Läufer wie ihr Vater? Na toll, dachte ich, es ist so weit: Mein Alter lässt sich nicht mehr verheimlichen. Aber eine Stimme in mir beruhigte mich: Du bist körperlich und geistig fit. Ich vertraute meiner positiven inneren Stimme.

Ron Maas rutschte in seinem Sessel hin und her.

»Was beschäftigt Sie heute?«, fragte ich und wischte

mit dem Handrücken imaginären Staub von dem Tisch, der zwischen dem Klienten und mir stand.

»Sie sind ein Opernfan?«

»Woher wissen Sie das?«

»Neben Ihrem CD-Spieler liegen Klassik-CDs. Für jeden sichtbar.«

Tatsächlich, dachte ich, als ich auf das Bord mit dem CD-Spieler sah. Mindestens zehn CD-Hüllen lagen teilweise geöffnet vor dem Gerät. Gut zu erkennen war das Cover einer CD von Pavarotti.

»Aufmerksam«, sagte ich lächelnd.

»Ich habe Ihnen etwas mitgebracht.« Er kramte umständlich einen Briefumschlag aus seiner Jackentasche hervor. »Zwei Karten für die Oper Tosca am nächsten Samstag in der Elbphilharmonie.« Er nahm zwei Karten aus dem Briefumschlag und gab sie mir.

»Oh, danke«, sagte ich.

»Keine Ursache.« Ron Maas freute sich sichtlich, dass er mir eine Freude machen konnte.

»Leider kann ich die Karten nicht annehmen«, sagte ich und gab sie ihm zurück.

»Sind die Karten nicht gut genug für Sie?«, schrie er mich plötzlich an.

In diesem Moment war ich der ablehnende Vater für ihn und bekam dies sofort zu spüren.

Ich schwieg, um ihm Raum für seine Wut zu lassen.

»Wissen Sie eigentlich, wie schwer es war, die Karten zu bekommen?«

»Ja, das war sicherlich nicht einfach und ich möchte mich herzlich für Ihre Mühe und Aufmerksamkeit bedanken. Nur – ich darf keine Geschenke von meinen Klienten annehmen.«

»Warum nicht?« Er atmete tief durch und schien sich zu beruhigen.

»Es hat nichts mit Ihnen persönlich zu tun«, sagte ich ruhig. »Ich möchte nur den objektiven Blick auf Ihre Problematik in keiner Weise verlieren.«

»Sie haben ja recht. Ich habe es nur gut gemeint«, ruderte er zurück.

»Ich weiß. Als ich Ihnen die Karten zurückgab, meldete sich da Ihre innere Stimme?«

Er schaute nach oben an die Zimmerdecke und überlegte. »Ja, ich fühlte mich von Ihnen abgelehnt. Und ich habe mich geschämt.«

»Wofür?«

»Dass ich Sie in eine peinliche Situation gebracht habe.«

»Welche Gedanken schossen Ihnen dabei durch den Kopf?«

»Nichts machst du richtig. Nicht mal das kannst du, du Versager!«

Ich reichte ihm ein Papiertaschentuch.

»Das tut weh. Wo kommt das her?« Er schnäuzte sich laut in das Taschentuch.

»Das werden wir rauskriegen.«

»Meinen Sie?«

»Ja, werden wir!«

»Sie geben die Hoffnung niemals auf?«

»Optimismus zu verbreiten, ist meine Passion«, sagte ich lächelnd.

***

»Du bist als Kind zu wenig gestreichelt worden.«

»Und daher streichele ich mich jetzt selbst, indem ich mir mit den Händen durch die Haare fahre?« Ungläubig sah ich meine Supervisorin Birgit an.

»Ist vielleicht eine schlüssige Interpretation.« Sie sah nachdenklich nach oben und schien die Deckenlampe zu fixieren.

»Könnte sein oder auch nicht. Hast du noch eine andere Erklärung für meinen Tick?«

»Ich sehe das nicht als einen Tick an.«

»Sondern?«

»Ein Bedürfnis.«

»Wonach?«

»Nach Liebe?«

Ich schluckte.

»Haben deine Eltern dich geliebt?«

»Ich weiß nicht …«

Tränen rannen über mein Gesicht.

Die Supervision strengte mich an. Die Gefühle

fuhren Achterbahn. Trauer, Angst und Wut schüttelten meinen Körper. Ich konnte wieder einmal am eigenen Körper spüren, was meine Klienten in der Therapie durchmachten.

Sie ließ mir die Zeit, die ich brauchte, um mich zu beruhigen.

»Aber ich hege keinen Groll gegen die Eltern, auch nicht gegen meinen Vater, der kaum Zeit für mich hatte. Und ja: Ein wenig mehr elterliche Liebe wäre nicht schlecht gewesen.«

»Auch ich hatte kaum etwas davon«, murmelte Birgit.

Ich sah in ihre feuchten Augen und hatte das Bedürfnis, sie zu trösten.

»Aber wir haben es beide geschafft, uns trotz der fehlenden elterlichen Liebe zu entwickeln.«

»Das haben wir«, sagte sie und zog die Vorhänge vor den Fenstern auf. Sie gab mir damit das Signal, dass die Stunde zu Ende war.

»Vielen Dank.« Ich stand auf und gab ihr die Hand.

»Wir werden hören, was du in der nächsten Stunde zu berichten hast.« Sie ignorierte meine Hand, zog mich zu sich heran und drückte mich. Nun war sie wieder meine beste Freundin und hatte die Rolle der strengen Supervisorin abgelegt.

***

Mein Klient Ron Maas saß weinend vor mir.

»Er ist gestorben.«

»Wer?«, fragte ich und schaltete die Deckenbeleuchtung ein. Es war ein dunkler Tag. Die Sonne hatte sich den Tag über nicht blicken lassen.

»Mein Vater«, schluchzte er und trocknete die Tränen mit einem übergroßen Taschentuch.

»Mein aufrichtiges Beileid. Wann ist er verstorben?«

»Vorgestern.«

Ich schenkte ihm Wasser nach und lud ihn mit einem Nicken ein, davon zu trinken.

»Darf ich fragen, woran …?«

»Aber natürlich dürfen Sie das. Sie sind mein Therapeut. Er bekam beim Rasenmähen einen Herzinfarkt. Der Notarzt konnte nur noch den Tod feststellen.«

»Was für eine Tragödie«, sagte ich und schob einfühlsam die Frage nach dem Alter des Vaters nach.

»Er ist zweiundsiebzig Jahre alt geworden.«

Den Rest der Stunde sprachen wir über seine Familie, seltsamerweise verlor er kein weiteres Wort über den verstorbenen Vater.

***

Vierzehn Tage später hatten wir den nächsten Termin. Er kam pünktlich wie zu jeder Therapiesitzung und war aufgeräumt und locker. Seine Haare waren frisch geschnitten und akkurat mit glänzendem Gel nach hinten frisiert. Ohne eine Frage von mir abzuwarten, redete er sofort, nachdem er sich in den Sessel gesetzt hatte.

»Die Beerdigung fand vor drei Tagen statt und es war nicht so schlimm, wie ich anfangs gedacht hatte. Ich mag es gar nicht sagen. Es war schön. Und befreiend.«

»Was war entlastend?«, fragte ich.

Er lächelte. »Dass es vorbei ist.«

»Was?«

»Das Unterdrücken und Fertigmachen. Mein Vater hat mich bis zu seinem Tod nie ernst genommen. Alles, was ich machte, egal ob privat oder im Beruf, war nie ausreichend für ihn.«

»Das Martyrium begann in Ihrer Kindheit?«

»Ja, schon als kleiner Junge kämpfte ich um seine Anerkennung. Strampelte mich in der Schule ab; lernte, bis ich buchstäblich kotzen musste. Es war ihm nie genug. Alles außer einer Eins in den Klassenarbeiten war nicht akzeptabel für ihn.«

»Und wie reagierte Ihr Vater auf eine Drei in Mathe?«

»Mit Wutanfällen und Beschimpfungen«, sagte er stockend. »Sein Lieblingssatz war: ›Du Null, du wirst es zu nichts bringen in deinem Leben.‹«

»Oh, wie schrecklich. Es muss eine furchtbare Zeit für Sie gewesen sein. Und ein brutaler Druck, keine Fehler machen zu dürfen.«

»Ja, ansonsten drohten menschenunwürdige Herablassungen und Abwertungen.«

»Trotz alledem haben Sie Ihren Vater besucht?«

»Ja, die Besuche wurden zwar seltener, aber meiner Mutter ging es nach ihrem Bandscheibenvorfall nicht gut und so habe ich in der letzten Zeit öfters bei meinen Eltern vorbeigeschaut.«

»Ihr Vater wurde im Alter nicht milder und gelassener?«

»Nein, im Gegenteil. Er stellte mich als Totalversager hin. Bei meinen Onkeln und Tanten, Nachbarn und seinen Freunden. Ich habe mich schlecht gefühlt, wenn ich bei uns zu Hause war.«

»Wie war es mit den abwertenden Stimmen in Ihnen zu dieser Zeit?«

»Es wurde immer abscheulicher. Kaum auszuhalten.«

»Ohne Pausen?«

»Ja, kaum Unterbrechungen. Merkwürdigerweise sind die Stimmen seit einigen Tagen verstummt.«

»Seit drei Tagen?«

Abrupt setzte er sich aufrecht in den Sessel.

»Ja, genau. Seit drei Tagen.«

»Was war da?«

»Die Beerdigung meines Vaters«, keuchte er. »Wollen Sie damit sagen, dass mein Vater für die Stimmen in mir verantwortlich war?«

Ich schwieg.

»Warum bin ich nicht selbst darauf gekommen? Das liegt nahe. Ich habe die Stimme meines abwertenden Vaters gehört. Nach all den Jahren. Unglaublich.«

»Wir Menschen haben alle blinde Flecken«, sagte ich. »Das sind Dinge in uns, die wir nicht sehen wollen und können. Weil sie zu schrecklich für uns sind.«

»Ich wollte nicht sehen, dass mein Vater die Ursache für meine Selbstabwertung war.« Er schüttelte ungläubig seinen Kopf.

Ich ließ ihm Zeit, um die Erkenntnis zu verarbeiten. Er lehnte sich in den Sessel zurück und entspannte sich langsam.

»Aber da die Stimme meines Vaters mit ihm ins Grab gegangen ist, will ich keinen Groll gegen ihn hegen.«

»Sie haben inneren Frieden gefunden?«

»Ich arbeite daran.«

Lebenssinn

»Ich bin Großvater von vier Enkeln und Vater von zwei Töchtern.«

»Stolz?«

»Ja, aber es füllt mich nicht aus.« Johannis Berg sah traurig auf den Boden.

»Was fehlt Ihnen?«, fragte ich und reckte mich, um einen Luftzug aus dem geöffneten Fenster zu ergattern. Es war neun Uhr morgens und schon unerträglich heiß.

»Liebe und ein Sinn für mein restliches Leben.«

»Darf ich fragen, wie alt Sie sind?«

»Vierundachtzig.«

Ich verkniff mir die üblichen Floskeln über das gute Aussehen für sein Alter. Es stimmte zwar, er sah aus wie ein jung gebliebener Siebziger, aber das hörte er gewiss jeden Tag. Und ich wollte mehr darüber erfahren, warum er in dem Alter einen Therapeuten aufsuchte.

»Meine Frau ist nach vierzig Ehejahren an Brustkrebs gestorben.«

»Oh, das tut mir leid.«

»Ja, die ersten Jahrzehnte waren schön. Wir sind gereist und haben die Welt gesehen.«

»Und die letzten Jahre?«

»Waren schwierig. Meine Frau litt unter der Erkrankung.« Hastig trank er einen Schluck Wasser.

»Es war eine harte Zeit, aber sie hatte es geschafft, den Krebs zu besiegen.«

»Bis er sich wieder meldete?«

»Ja, vor sechs Monaten, und dann ging alles rasend schnell.«

Tränen liefen über seine Wangen und tropften durch sein geöffnetes Hemd auf die Brust. Ich gab ihm ein Taschentuch.

»Ich möchte nur noch zu Hause bleiben und fernsehen. Von morgens bis abends. Davon werde ich depressiv.«

»Und frustrierter?«

»Ja, ich will das nicht mehr. Ich möchte das Leben wieder spüren. Geistig und körperlich.«

Ich war beeindruckt von so viel Kraft und Lebenswillen, trotz seines Alters und der tiefen Trauer. Ich freute mich darauf, mit ihm zu arbeiten.

***

»Haben Sie eine Seniorenkarte?«

Ich schaute überrascht in das Gesicht einer beschäftigt dreinblickenden jungen Frau.

»Ähm nein. Ich bin doch noch nicht so alt«, sagte ich entrüstet.

»Nein, alles gut. Sie hätten beim Vorzeigen einer Seniorenkarte die Bibliothekskarte zum halben Preis bekommen.«

Ich fühlte mich in diesem Augenblick alt und versuchte, es mit Humor zu nehmen. »Ich arbeite an meiner Seniorenkarte«, sagte ich zu der Bibliothekarin. Sie lächelte mich an.

»Lassen Sie sich Zeit dabei. Hier ist Ihre Karte. Sie ist ein Jahr gültig.«

Ich nahm die Karte, bedankte mich und nickte ihr zu. Als ich in meinem Auto saß, klappte ich den Spiegel der Sonnenblende herunter und sah kritisch in mein Gesicht. Ich sah einen Mann Anfang fünfzig mit vielen Lachfalten und langen dunklen Haaren. Mir gefiel der Typ heute nicht und so klappte ich den Spiegel wieder hoch, startete den Motor und fuhr in meine Praxis.

***

Johannis Berg saß aufrecht im Sessel. Seine vollen grauen Haare waren kurz geschnitten. Die Augenbrauen hatte er steil nach oben gekämmt. Seine Haltung hatte etwas Strenges und preußisch Akkurates. Trotz der Hitze, die heute die Praxis in eine Sauna verwandelte, trug er eine dezente hellblaue Krawatte und einen dunklen Anzug. In der heutigen Sitzung wollte ich die Biografie meines Klienten kennen und verstehen lernen, um seine Lebensleistung herauszuarbeiten und zu würdigen. Als ob er meine Gedanken gelesen hätte, fing er an, über sein langes Leben zu sprechen.

»Ich bin in Hamburg geboren und lebe seitdem in der Stadt. Ich habe drei Geschwister, die leider verstorben sind.«

»Was waren Ihre Eltern von Beruf?«

»Mein Vater war Lehrer und streng. Mutter war das Gegenteil von ihm. Sie war Künstlerin und spielte in einem Orchester.«

»Welches Instrument?«

Er lächelte versonnen.

»Sie spielte Klavier. Wunderschön. Friedvoll war es, wenn meine Mutter Musik machte. Ansonsten herrschte das autoritäre Regiment meines Vaters.«

»Klingt nicht nach einer entspannten Kindheit.«

»Nein, unser Leben war streng reglementiert. Jeder Tag lief nach dem gleichen Schema ab. Schule, Hausaufgaben und Sport. Tagein, tagaus.«

»Bis auf die Ferien?«

»Ja, dann waren wir gelöst und locker.« Er lehnte sich entspannt in den Sessel zurück. »Eigentlich war meine Kindheit nicht schlecht. Ich hatte alles, was ich brauchte. Und die Disziplin, die mein Vater mich lehrte, half mir später in der Ausbildung für den Beruf.«

Ich nickte und sah durch das geöffnete Fenster, wie ein Heißluftballon in der Ferne geräuschvoll an Höhe gewann.

»Was war Ihr Beruf?«

»Ich war Pilot und habe dadurch die Welt gesehen.«

»Ihr Traumberuf?«

Seine hellblauen Augen strahlten.

»Ja, ich habe den Beruf geliebt. Beim Fliegen war ich frei und glücklich.«

»Und Sie hatten eine große Verantwortung für die Menschen an Bord.«

»Ja, es war wunderbar und ich genoss die Anerkennung von den Passagieren, den Kollegen und«, er schaute schmunzelnd auf den Boden, »vor allem von den Stewardessen.«

»Klingt, als wären Sie mit Ihrem beruflichen Leben zufrieden«, sagte ich und sah an der Standuhr, dass die Stunde dem Ende entgegenging.

»Ja, sehr. Es ging mir gut in dem Job. So wie es mir in diesem Moment geht«, lächelte er.

Der Heißluftballon hatte an Höhe gewonnen und entschwand aus meinem Blickfeld.

***

Johannis Berg saß makellos gekleidet in dem Sessel vor mir. Heute machte der heiße Sommer eine Pause und eine Gewitterfront zog hartnäckig vorbei.

»Die letzte Stunde hat mir gutgetan und ich habe mich gefragt, warum es mir so gut ging nach unserer Sitzung.« Er strich über seinen beigen Sommeranzug, der keinen Regentropfen abbekommen hatte.

»Vielleicht, weil ich über meinen Beruf gesprochen habe und ich noch einmal als Pilot um die Welt geflogen bin?«

Ich lächelte, schloss das Fenster und wischte Regentropfen von der Fensterbank, die sich durch den Dauerregen angesammelt hatten.

»Und das hob Ihre Stimmung?«

»Ja, aber das war nur ein Tropfen auf den heißen Stein. In diesem Moment fühle ich mich wieder etwas deprimiert.«

»Das kann ich verstehen«, sagte ich einfühlsam. »Weil Sie auf der einen Seite die tollen Erinnerungen an Ihren Beruf empfanden und auf der anderen Seite den Verlust Ihrer beruflichen Bestimmung.«

»Ja, so ist es. Geben Sie mir eine neue Berufung?«

»Das würde ich gern, aber Sie schaffen das schon allein. Ich helfe Ihnen, den Weg dorthin zu finden.«

»Kriegen wir das hin, bevor ich sterbe?«

Ich lächelte zuversichtlich.

»Ihren Optimismus nehme ich mit«, sagte er und verabschiedete sich.

***

Mein Telefon klingelte. Ich nahm ab und hörte die aufgeregte Stimme von Johannes Berg.

»Haben Sie spontan Zeit für mich?«

»Was ist passiert?«

»Nicht am Telefon«, bat er.

Ich gab ihm einen Termin in meiner Mittagspause.

Es ging ihm nicht gut. Sein Anzug war zerknittert und die Haare standen unfrisiert kreuz und quer von seinem Kopf ab.

»Ich habe eine Vaterschaftsklage am Hals.«

»Wie bitte?«

Mir fiel fast das Wasserglas aus der Hand.

»Ich soll vor zweiundfünfzig Jahren eine Tochter gezeugt haben.«

»Wo und mit wem?«

»In Braunschweig und mit Irene.«

»Was war mit Irene?«

»Mit Irene war nichts. Da war ich schon mit meiner Frau verheiratet.«

Ich schwieg, bis er weitersprach.

»Sie haben Schweigepflicht?«

»Ja.«

»Mit Irene hatte ich ein kurzes Verhältnis. Sie hatte im Flughafenrestaurant gearbeitet«, sagte er stockend.

Ich nickte lächelnd, um ihn zum Weitersprechen zu bewegen.

»Sie hatte eine liebevolle Art, mit mir umzugehen. Und sie war atemberaubend schön.«

»Wie ist Irene mit Ihnen in Kontakt getreten?«

»Irene ist verstorben. Ihre Tochter hat mich angeschrieben.«

»Wie heißt die Tochter?«

»Eva.«

Er sah verschämt auf den Boden. »Sie möchte mich sehen.«

»Was hat Ihre Tochter noch geschrieben?« Ich brauchte mehr Details, um mir ein Bild von seiner Lage zu machen.

»Sie geht davon aus, dass ich ihr Vater bin, weil sie Liebesbriefe von mir in Irenes Unterlagen gefunden hat.«

»Ein magerer Beweis.«

»Ja, finde ich auch. Einen anderen gibt es nicht.«

»Es sei denn, Sie unterziehen sich einem Vaterschaftstest.«

»In meinem Alter?« Er versteifte sich. »Das ist peinlich.«

»Gibt es eine Alternative?«

»Anscheinend nicht.«

»Wäre Eva einverstanden mit einem Vaterschaftstest?«

»Ich glaube schon. Sie hatte geschrieben, dass sie von mir nichts möchte, außer mich kennenzulernen. Ihr Leben lang hatte sie nach ihrem Vater gefahndet. Ihre Mutter wollte oder konnte ihr keine Auskunft geben. Sie will kein Geld von mir. Sie ist Inhaberin einer erfolgreichen Modekette, finanziell unabhängig und in der ganzen Welt unterwegs.«

Der Regen hatte aufgehört und ich öffnete das Fenster, um Kühle in den Raum zu lassen.

»Es geht ihr darum, ihren Vater kennenzulernen.«

»Ja.«

»Wie fühlt es sich für Sie an, eventuell Vater von einer dritten erwachsenen Tochter zu sein?«

»Ich kann es mir auf der einen Seite nicht vorstellen, aber auf der anderen Seite, wenn ich in mich hineinfühle, ist ein Fünkchen Freude in mir.«

Als wir einen Termin für die nächste Therapiestunde vereinbarten und uns verabschiedeten, lächelte er und verließ die Praxis mit sicherem Schritt.

**

Das Bühnenbild bestach durch seine Einfachheit. Es zeigte einen blauen Himmel mit ein paar verspielten Wolken. Ich ließ mich in die verträumte Musik von Chopin fallen, die ein etwas wirr aussehender Pianist eindrucksvoll spielte. Meine enge Freundin und Supervisorin Birgit war so beeindruckt von der Darbietung, dass sie vergaß, ihren Mund zu schließen. Die Balletttänzer schwebten über die Bühne. Während ein Teil meines Gehirns der Aufführung folgte, dachte der andere Teil über meinen Patienten Johannis Berg nach. Es war für mich immer wieder überraschend, welche Geschichten das Leben für uns Menschen bereithält. Oft waren es die Urgeschichten, die das Leben schreibt.

Liebe und Tod. Die Menschen beschäftigten sich seit Jahrtausenden mit den beiden Themen. Oder waren Liebe und Tod *ein* Thema? Künstlich getrennt von uns Menschen? Ich beschloss, später darüber nachzudenken.

***

Johannis Berg kam pünktlich und stilvoll gekleidet. Der Nadelstreifenanzug saß perfekt und das pastellfarbene Einstecktuch war für seine Verhältnisse gewagt.

»Es ist viel passiert, seit wir uns das letzte Mal gesehen haben.«

»Da bin ich gespannt.«

»Ich habe das Ergebnis des Vaterschaftstests mitgebracht.«

Er fingerte einen Brief aus einer braunen Aktentasche.

Seine Hände zitterten, als er den Brief auf den Tisch vor uns legte.

Wir starrten den Brief an und keiner von uns mochte etwas sagen. Bis er all seinen Mut zusammennahm, entschlossen den Brief griff und den Umschlag aufriss. Er faltete den Briefbogen auseinander und wollte anfangen zu lesen, überlegte es sich anders und hielt mir das Schreiben hin.

»Bitte lesen Sie ihn zuerst«, wehrte ich mit erhobenen Händen ab.

Leise vor sich hin murmelnd las er ihn. Bis er abrupt aufhörte, den Kopf hob, mich fragend anschaute und den Briefbogen auf den Tisch zurücklegte.

Mir brannte die Frage auf den Nägeln, was in dem Brief stand, aber ich wollte ihn nicht drängen. Er sollte bestimmen, wann er mir den Inhalt erzählen mochte. Nach einer Weile räusperte er sich und suchte einen Anfang, irgendetwas schien ihm die Sprache verschlagen zu haben.

Schließlich entfuhr ihm ein leises »Nein«.

Ich ließ ihm Zeit.

»Nein, sie ist nicht meine Tochter. Eigentlich sollte ich mich darüber freuen.«

»Sie wirken eher betrübt.«

»Ja, ich bin traurig, obwohl es gut für mich gelaufen ist. Eva ist nicht meine Tochter und somit habe ich keinerlei Verpflichtungen.«

»Was bekümmert Sie?«

Er versuchte, die Tränen zurückzuhalten. Was ihm anfänglich gelang, bis er es aufgab und den Tränen freien Lauf ließ. Er griff nach meinen Händen und hielt sie fest, bis er sich beruhigte und weitersprechen konnte.

»Sie hätte mir wieder einen Sinn in meinem Leben geben können.«

»Wenn Eva Ihre leibhaftige Tochter wäre?«

»Ja. Ich hätte jemanden gehabt, um den ich mich hätte kümmern können.«

»Sie hätten sich dann nicht mehr einsam gefühlt.«

Er nickte und wischte sich die letzten Tränen aus den Augenwinkeln.

»Es hätte mich auf andere Gedanken gebracht. Das Gefühl, gebraucht zu werden.«

»Ja, das hätte es. Wann möchten Sie mit Eva sprechen? Ich könnte mir vorstellen, dass sie auf Ihren Anruf wartet.«

»Sie wird vielleicht traurig sein, weil ich nicht ihr leiblicher Vater bin.«

»Haben Sie noch nie einen bekümmerten Menschen getröstet?«

Ein Ruck ging durch seinen Körper und er setzte sich aufrecht.

»Ich bitte Sie.«

Ich sagte nichts und sah ihn aufmerksam an.

»Die Tränen, die ich in meinem Leben getrocknet habe, könnten den Bodensee füllen.«

»Also wissen Sie, was zu tun ist. Sie kriegen das hin. Bei Ihrer Erfahrung.«

Er sah auf meine Standuhr. »Unsere Zeit ist um und ich nehme aus der Stunde mit, dass ich mich nicht vor einem Treffen mit Eva drücken sollte.«

***

Ich wollte mich vor dem Joggen drücken. Die Ausrede für heute war das heiße Wetter. Aber ich schlug dem inneren Schweinehund ein Schnippchen und rief meinen Freund John an. Wir verabredeten uns zum Laufen. John wohnte in der Nähe der Außenalster und während ich über die Kennedybrücke fuhr, sah ich, wie sich die glutrote Abendsonne in der Alster spiegelte.

John öffnete die Tür mit einem Glas Rotwein in der Hand.

»Hey, John, ich dachte, wir wollten laufen?«

»Wollen wir, aber es sind Gäste gekommen. Na ja, und die mochte ich nicht wegschicken. Komm erst einmal rein.« Er machte eine einladende Handbewegung und bugsierte mich in das Wohnzimmer. Und da saßen unsere alten Freunde, die ich aus der Schulzeit kannte. Der Polizist Jens, der schief im Sessel hing, weil er zu viel Rotwein intus hatte. Der Versicherungsvertreter Gerd, der wie immer tadellos frisiert war und steif dahockte, und der Künstler Randy, der melancholisch auf einer Mundharmonika spielte.

Ich freute mich, meine alten Freunde zu sehen und ehe ich mich versah, hatte ich ein Glas Rotwein in den Händen und saß mitten unter ihnen. An Joggen war nicht mehr zu denken. Wir unterhielten uns angeregt und lachten laut und viel, bis ich eine Frage in den Raum stellte. »Wofür lebt ihr eigentlich?«

Stille.

»Ich lebe für meine Kunst!«, rief Randy und schwenkte sein Weinglas.

»Und wenn du die Kunst nicht mehr ausüben kannst?«, fragte Gerd.

Randy trank sein Glas leer und stellte es auf dem Tisch ab.

»Dann möchte ich sterben.«

»Gibt es etwas anderes, was dir einen Sinn geben könnte?«, fragte ich.

»Die Liebe!«, rief Jens, der Polizist, und tanzte mit dem Glas in der Hand durch das Wohnzimmer. »Gib mir Liebe und ich bin glücklich« war buchstäblich sein letzter Satz, bevor er in einen Sessel fiel und sofort einschlief.

»Eine Kunst ohne Liebe kann keine Kunst sein«, sagte Randy und legte eine Decke über den schlafenden Jens.

»Ist die Liebe nicht für sich eine Kunst?«, warf ich ein.

Randy sah mich mit einem traurigen Hundeblick an. »Bisher habe ich die große Liebe nicht gefunden.«

Gerd räusperte sich. »Ich glaube, du hast nie nach der erfüllten Liebe gesucht.«

»Manchmal kommt sie spielend zu uns. Einfach so«, sagte ich. »Und die Liebe muss sich nicht auf einen Partner oder eine Partnerin beschränken.«

»Ja, die Liebe zu meinen Kindern«, sagte Gerd.

Ich nickte und blickte auf die Uhr. »Es ist spät, meine Freunde. Ich habe morgen früh um acht Uhr den ersten Klienten.« Ich verabschiedete mich und flüsterte Randy ins Ohr, während ich ihn drückte:

»Für mich ist Liebe zu empfangen und zu geben ein Sinn in meinem Leben. Wenn nicht der größte und schönste.«

Er lächelte.

***

»Ich habe mich mit Eva getroffen.«

»Wie ging es Ihnen dabei?«

»Gut. Am Anfang. Noch besser am Schluss unseres Gespräches.«

Johannis Berg lachte und schaute auf die Sonnenblume, die er mitgebracht hatte und die von der Mitte des Tisches vor uns leuchtete.

»Wie konnte Eva Sie emotional berühren?«

Er überlegte und suchte nach Worten.

»Ihr Wesen …«

»Hat sie Sie an ihre Mutter erinnert?«

»Ja, ich habe Irene in ihr gesehen. In ihren Augen, in ihrem Lachen und in ihrer Art, sich zu geben.«

»Wie ist Eva damit umgegangen, dass sie nicht Ihre Tochter ist?«

»In den ersten Minuten des Gespräches war ihr die Enttäuschung darüber anzumerken. Dann legte sich der Frust bei ihr und sie freute sich, dass wir uns kennengelernt haben.«

»Wie geht es Ihnen heute damit, dass Eva nicht Ihre leibliche Tochter ist?«

»Oh ja, mir geht es gut. Ich habe zwar keine weitere Tochter, aber einen Menschen gefunden.«

»Der Sie emotional berührt.«

»Ja, und sie hat mir einen Job in ihrer Firma angeboten«, freute er sich.

»Wunderbar!«

»Ich darf mit ihr um die Welt fliegen. Eva muss reisen, um ihre Kollektionen zu verkaufen. In der nächsten Woche treffen wir uns in Köln und von dort aus geht es nach Mailand, um Stoffe für die neue Kollektion auszusuchen.«

Als wir uns verabschiedeten, nahm er mich in den Arm und sagte lachend: »Ich habe einen Menschen gefunden, der mich berührt, einen Lebenssinn gibt und eine kleine Tätigkeit, die mir Halt schenkt.«

Der Callboy

Er zog eine Parfümwolke hinter sich her, als er sich in den Sessel fallen ließ.

»Haben Sie ein Glas Wasser für mich?«, forderte er mit einer tiefen Stimme, die nicht zu seinem jugendlichen Aussehen passte.

»Aber natürlich«, sagte ich und schenkte ihm ein Glas Wasser ein.

»Was für ein heißer Sommer«, sagte er und leerte das Glas in einem Zug. »Ich bin direkt vom Flughafen zu Ihnen in die Praxis gekommen und im Taxi war die Klimaanlage ausgefallen.«

»Was für eine Tortur«, sagte ich und schenkte ihm Wasser nach. »Was kann ich für Sie tun?«

»Mein Problem hat mit meinem Beruf zu tun«, sagte er zögernd.

Ich schaute in ein tief gebräuntes Gesicht, aus dem hellblaue Augen hervorstachen.

»Welchen Beruf üben Sie aus?«

»Ich weiß nicht, ob es dafür eine richtige Berufsbezeichnung gibt.«

»Ja?« Ich war gespannt auf den Beruf dieses jungen und attraktiven Mannes.

»Ich bin ein Gigolo.«

»Ein Callboy?«

»Ja, wenn Sie so wollen. Ich lasse mich für Sex bezahlen.«

»Ausschließlich von Frauen?«

»Ausnahmslos Frauen.« Er zog seine gefärbten und gezupften Augenbrauen nach oben. »Ich liebe Frauen; bin verrückt nach ihnen.«

»Dann haben Sie Ihre Passion zu Ihrem Beruf gemacht. Ich gratuliere. Aber wo ist dann Ihr Problem?«

»Ich habe mich verliebt. Unsterblich.«

»Das ist ja wundervoll für Sie.«

»Aber ich kann mich nur bedingt freuen.«

»Weshalb?«

»Es ist geschäftsschädigend. Ich denke den ganzen Tag an sie, will sie andauernd sehen und komme meinen Verpflichtungen den anderen Frauen gegenüber kaum mehr nach.«

Er zupfte nervös an seinem blau gemusterten Designerhemd und senkte den Kopf.

»Das kann ich verstehen, Sie möchten Tag und Nacht mit ihr zusammen sein. Die frische Liebe genießen.«

Er nickte zustimmend.

»Aber was kann ich therapeutisch für Sie tun?«

»Machen Sie die Liebe weg. Ich will nicht mehr verliebt sein, sondern wieder normal leben und arbeiten können.«

So einen Auftrag hatte ich noch nie, dachte ich,

und vereinbarte mit ihm einen Termin in vierzehn Tagen.

***

»Ein wundervoller Auftrag hat mir gestern zweitausend Euro eingebracht.« Sein Lächeln war gewinnend und seine Bauchmuskeln ließen das zu enge grün gestreifte Hemd fast platzen.

»Herzlichen Glückwunsch.«

»Haben Sie gestern auch zweitausend Euro verdient?«

Ich ging nicht auf seine Frage ein und wischte das Wasser, das ich beim Eingießen der Gläser verschüttet hatte, mit einem Papiertaschentuch vom Tisch.

»Was mussten Sie für die zweitausend Euro leisten.«

»Die Dame hatte mich für vierundzwanzig Stunden gebucht. Ich habe sie morgens zum Frühstück abgeholt, dann wollte sie mich auf ihrer Shoppingtour dabeihaben.«

»Sie waren mit ihr shoppen?«, fragte ich erstaunt.

Er lehnte sich entspannt in den Sessel zurück und fixierte mit seinen Augen das avantgardistische Bild hinter mir.

»Das kommt öfter vor, wenn die Damen aus einer anderen Stadt kommen. Sie erzählen ihren Ehemännern, dass sie nach Hamburg fliegen, um zu shoppen und ins Theater zu gehen. Und um ihr Alibi zu festigen, kaufen sie wahlloses Zeug und ich bin dabei.«

»Wie auch abends im Theater?«

»Ja, sie wollte mit mir in die Oper.«

»Was gab es?«

»Die Zauberflöte.« Er warf den Kopf in den Nacken, wobei sein Adamsapfel herauszuspringen schien, und hob die Hände zur Praxisdecke. »Es war göttlich!«

»So wie es rüberkommt, sind Sie verrückt nach der Oper«, freute ich mich mit ihm.

Er setzte sich aufrecht in den Sessel. »Ja, ich liebe die Kunst. Ich habe hier in Hamburg an der Kunsthochschule studiert.«

»Malen Sie?«, fragte ich überrascht.

»Ja, leider mit mäßigem Erfolg. Ich habe bisher kaum Bilder verkauft.«

»Daher der Job als Callboy?«

»Ja, der Job hält mich nicht nur über Wasser, sondern ich kann dadurch ein luxuriöses Leben führen.«

»Und diese Existenz ist in Gefahr?«

»Genau. Ich muss Mika aus dem Kopf bekommen. Während ich mich gestern mit meiner Kundin traf, telefonierten wir sieben Mal. Gott sei Dank ist die Kundin mit einem Lächeln über die Störungen hinweggegangen. Eine andere hätte mit Sicherheit Probleme gemacht.« Seine Augen flatterten unruhig.

»Selbst beim Sex mit der Kundin habe ich an Mika gedacht.«

Ein sanfter Gong der Praxisstanduhr zeigte das Ende der Stunde an. Wir vereinbarten einen Termin in der folgenden Woche und verabschiedeten uns.

***

»Ich kriege keinen mehr hoch.«

Kevin Reis hob den Kopf und ich sah Tränen in seinen Augen, die er verschämt wegzuwischen versuchte.

»Ahnen Sie, was das für meinen Beruf bedeutet?«

»Ja, existenzbedrohend.«

»Ich bin völlig fertig. Wenn ich nicht bald wieder arbeiten kann, verliere ich meine Wohnung, die auch mein Atelier ist, und mein Auto.«

»Ihre Wohnung ist teuer?«

»Ich muss repräsentieren. Ich habe ein Apartment in der HafenCity. Das ist zurzeit das teuerste Pflaster in Hamburg.«

Ich wischte mir den Schweiß von der Stirn. Laut den Radionachrichten sollte heute der heißeste Tag des Jahres werden. »Die Wohnung ist Ihr Arbeitsplatz und muss daher eindrucksvoll sein und für Ihre künstlerische Arbeit ist der Blick über den Hafen inspirierend.«

Er nickte müde und schaute mit glasigen Augen auf das Bild hinter mir.

Bei sexuellen Themen musste ich in der Beratung vorsichtig sein, weil die Klienten während des Gespräches mit eventueller Scham zu kämpfen hatten.

»Seit wann leiden Sie unter den Schwierigkeiten?«

»Können Sie bitte den Lüfter eine Stufe höher stellen? Mir ist fürchterlich heiß. Nicht zum Aushalten.«

Nickend stellte ich den Ventilator auf die höchste Stufe. Summend verteilte er kühle Luft in dem Zimmer. Trotzdem liefen meinem Klienten die Schweißperlen tropfend von seiner Stirn. Er sah sich suchend um, entdeckte die Taschentücherbox und nahm mit zitternden Händen vier Tücher auf einmal.

»Seitdem ich in Mika verliebt bin, habe ich Probleme, mit anderen Frauen zu schlafen.«

»In der letzten Stunde erzählten Sie von der Kundin, mit der Sie vierundzwanzig Stunden zusammen waren und Sex hatten.«

»Das stimmt, aber der Sex mit der Kundin war speziell.«

»Wie speziell?«

»Ich benutzte nur die Peitsche. Von beiden Seiten. Damit trieb ich sie bis zum Wahnsinn. Jedenfalls ihren Schreien nach zu urteilen.«

»Dabei haben Sie an Mika gedacht?«

»Ja, ob ihr das auch gefallen würde und ob sie es

mir jemals verzeihen könnte, wenn sie von meinen Job wüsste.«

Sein schönes Gesicht verkrampfte sich und glänzte vor Schweiß.

Ich ging in die Küche, öffnete den Kühlschrank und holte Eis aus dem Gefrierfach. Ich zerbrach es und warf ein paar Stückchen in unsere Wassergläser. Er nahm dankbar das Glas, trank einen großen Schluck und hielt sich das kühle Glas an die Schläfe.

»Wo haben Sie Mika kennengelernt?«

»In der Bar im Star Hotel. Ich war mit einer Kundin verabredet, die nicht zu unserem Termin gekommen ist. Das passiert selten, aber es kann vorkommen. Für mich war es kein Honorarausfall, weil die Damen mich über meine Agentur buchen und im Voraus bezahlen.« Er hielt mir sein Glas hin. »Darf ich noch ein bisschen Eis haben? Mir ist fürchterlich heiß.«

Ich nickte, holte Eis und ließ es klirrend in sein Glas fallen. Er nahm sich einen Eiswürfel heraus und hielt ihn sich an die Stirn.

»Die Bar im Hotel ist im zweiundzwanzigsten Stock und rundherum verglast. Mika tanzte vor der Glasfront und hinter ihr leuchtete die Hamburger Skyline.«

»Beeindruckend.«

»Ja. Beim Tanzen fasste sie mit beiden Händen in ihr langes dunkles Haar, hob es hoch und ließ es sanft über ihr tief ausgeschnittenes Kleid fallen.«

»Sie haben sich auf der Stelle in sie verliebt.«

»Ja. Und das Verrückte war: Sie sprach mich im Laufe des Abends an.«

Das kann ich verstehen, dachte ich. Kevin Reis sah aus wie ein Fotomodell. Er war groß und durchtrainiert und hatte ein markantes Gesicht mit leuchtend blauen Augen.

»Sie lud mich auf einen Drink ein.«

»Die Frau weiß, was sie will.«

»Ja, und dann haben wir uns auf der Stelle ineinander verliebt.«

»Seitdem haben Sie sexuelle Schwierigkeiten mit anderen Frauen?«

»Ja.«

»Was war denn gestern mit Ihrer Klientin?«

Der Gong meiner Standuhr ließ uns seine Antwort auf die nächste Stunde verschieben.

***

Birgit strich sich eine Haarsträhne aus dem Gesicht und sah mich streng an.

»Hast du deinen Tick bearbeitet, Markus?«

Ich hatte Lust, sie zu provozieren.

»Welchen Tick meinst du?«

Ihre Mundwinkel bebten leicht.

»Dir mit den Händen durch die Haare zu fahren.«

»Habe ich lange nicht gemacht.«

»Warum nicht?«

Ich schaute auf die Skulptur, die vor mir auf dem Tisch stand. Was sie darstellen sollte, konnte ich nicht erkennen. Nur erahnen.

»Vielleicht geht es mir momentan gut, sodass ich nicht daran denken muss.«

Mein Blick fiel wieder auf die Skulptur. Sie war hellblau, glatt geschliffen und etwa dreißig Zentimeter hoch. Im ersten Augenblick hatte ich geglaubt, ein verschlungenes Paar in ihr zu entdecken.

Birgits Räuspern riss mich aus meinen Gedanken.

»Ja, Birgit?«

»Du bist heute nicht bei der Sache. Was beschäftigt dich, dass du so gedankenverloren bist?«

»Kann es sein, dass ich überschüssige Kräfte habe?«

»Markus?«

»Ich denke, dass ich zu viel Energie habe und sie rauslasse, indem ich mir ständig mit den Händen durch die Haare fahre.«

Ich sah, wie sich ihre Wangen röteten, was sie immer dann taten, wenn Birgit einem Thema auf der Spur war, das sie stark interessierte.

»Wie kommst du darauf, ein Problem mit überschüssiger Energie zu haben?«

»Ich weiß nicht«, sagte ich und mein Blick schweifte erneut zu der Skulptur. Was sollte sie darstellen?

Abrupt riss ich den Blick von der Skulptur los und sah Birgit interessiert an.

Triumphierend streckte sie ihr Kinn vor.

»Ich habe es. Wenn du dir mit den Händen durch die Haare fährst, reagierst du deine überschüssige Energie ab.«

»Ich möchte weiter darüber nachdenken«, sagte ich und blickte auf meine Uhr. »Oh, unsere Zeit ist um.«

»Ja, schade«, sagte sie und stand auf, um mich zu verabschieden.

Als ich aufstand, wurde mein Blick wieder von der Skulptur eingefangen. Ich musste wissen, was sie bedeutete, und fragte Birgit, kurz bevor wir uns umarmten: »Was soll die Skulptur darstellen?«

»Die Figur fesselt dich?«

»Ja.«

»Sie soll Priapos darstellen, den griechischen Gott der Fruchtbarkeit.«

**

Kevin Reis sah mitgenommen aus. Seine Haare, die bei unserer ersten Sitzung geglänzt hatten von duftendem Haargel, hingen strähnig herunter und statt einer Parfümwolke umgab ihn eine Alkoholfahne.

Er ließ sich in den Sessel fallen und verlangte nach einem Glas Wasser.

»Lange Nacht gehabt, Herr Reis?«, fragte ich und sah in ein übermüdetes Gesicht. »Ja, ich war mit einer Kundin bis heute Morgen unterwegs. Ich wollte es nach der Katastrophe vor vier Tagen wieder probieren. Ich brauchte dringend Geld. Leider endete es mit einer noch schlimmeren Katastrophe.«

»Was ist passiert?«

»Zunächst waren wir essen und erlebten einen wundervollen Abend in der Staatsoper. Danach fuhren wir zu mir und tranken Champagner. Viel Champagner.«

Ich sah ihn an und er tat mir leid. Er saß wie ein Häufchen Elend vor mir.

»Wie ging es weiter?«

»Wir gingen ins Bett.«

Ich sagte nichts und hörte das sanfte Rauschen des Eichenbaumes, der gegenüber meiner Praxis stand.

»Sie wollte Sex.« Er rutschte unruhig in dem Sessel hin und her. »Aber es ging nicht bei mir.«

»Was war los?«, fragte ich.

»Ich weiß es nicht.« Tränen kullerten über seine Wangen. »Hab es nicht hingekriegt. Musste immer an Mika denken. Ja, und deswegen habe ich vielleicht auch blockiert.«

»Könnte sein. Und was ist dann passiert?«

»Sie war am Anfang einfühlsam und verständnisvoll.«

»Am Anfang?«, hakte ich nach.

»Ja, aber als weiterhin bei mir nichts passierte, wurde sie sauer und wollte ihr Geld zurückhaben. Fünfhundert Euro. Das gesamte Honorar.«

Der Wind und das Rauschen in der Eiche wurden stärker. Es bahnte sich ein Gewitter an. Ich schloss das Fenster.

»Ein Drama für Sie«, fasste ich zusammen.

»Ein Desaster für mich. Wenn sich das herumspricht, bin ich geschäftlich am Ende.« Es hielt ihn nicht mehr in dem Sessel. Er stand auf und ging unruhig im Zimmer auf und ab.

»Ich habe etwas vorbereitet«, sagte ich zu ihm, ging in den Nebenraum und holte eine Staffelei, Leinwand, Ölfarben und Pinsel.

»Soll ich jetzt malen?«

»Genau. Hier ist der Pinsel. Wenn Sie mögen, malen Sie einfach nur, wie Sie sich fühlen.«

Er schaute mich an, als wäre ich verrückt.

»Okay, wenn Sie meinen. Aber ich habe jetzt schon länger nichts gemacht.« Er nahm den Pinsel, mischte Farben und fing an, die Leinwand zu bemalen. Nach dreißig Minuten beendete der Gong der Standuhr seine Arbeit.

»Ich bin nicht fertig geworden.«

»Sie können das Bild in der nächsten Stunde weitermalen.«

Er nickte. »Gern. Und haben Sie schon eine Idee, wie ich mich von Mika entlieben kann?«

»Wir werden sehen«, sagte ich und verabschiedete mich von ihm.

***

Eine Woche später saß Kevin Reis wie ausgewechselt vor mir. Statt Whiskyduft füllte ein starkes Herrenparfüm den Praxisraum aus. Seine blauen Augen blitzten mich an.

»Ich erlebe Sie heute aufgeräumt und zufrieden.«

»Ja, mir geht es super.«

»Das freut mich. Wer oder was macht Sie so ausgeglichen?«

»Ich hatte eine wunderbare Woche. Jeden Tag habe ich mich mit Mika getroffen und wir haben das heiße Sommerwetter genossen.«

»Keine Kundin.«

»Nein, ich brauchte eine Auszeit.«

»Möchten Sie das Bild weitermalen?«

»Gern. Das Malen in der letzten Stunde und Mika haben mich inspiriert, in mein Atelier zu gehen und ein Bild zu malen. Ich hatte mich frei und wohl beim Malen gefühlt wie lange nicht mehr«, sagte er und nahm einen Pinsel und die Farbpalette in die Hand. Er schaute auf das Bild, das hinter meinem Praxissessel an der Wand hing, und fing schwungvoll an zu malen.

»Habe ich noch den Auftrag, Sie von Mika zu ent-lieben?«

Er machte eine Pause und schaute mich überrascht an.

»Ach ja, da war ja noch was.« Er drehte sich zur Leinwand um und malte weiter.

»Okay, ein neuer Auftrag für Sie: Machen Sie mich wieder potent für meine Kundinnen.«

»Trennen Sie sich von Mika und schon klappt es wieder mit Ihren Kundinnen.«

»Wie meinen Sie das?«

Ich blickte auf die Standuhr.

»Die Zeit ist leider um. Denken Sie bitte bis zu unserer nächsten Stunde darüber nach.«

»Darf ich das Bild dann auch zu Ende malen?«

»Ja sicher.«

Er legte den Pinsel beiseite und blieb vor dem Bild stehen, das hinter meinem Sessel an der Wand hing. Er betrachtete es bewundernd.

»Ist das ein Bild von Anna C.?«

»Ja.«

»Der berühmten Anna C.?«

»Ich habe das Bild von ihr gekauft, als sie noch nicht bekannt war.«

»Das ist mittlerweile ein Vermögen wert.« Er ging einen Schritt zurück und schüttelte ehrfurchtsvoll den Kopf.

»Ja, ist es. Auch sie hat einmal angefangen. Hat Rückschläge und Misserfolge einstecken müssen.«

Ich stellte mich neben ihn.

»Aber sie ist beim Malen geblieben.« Ich schaute ihm in die Augen. »Sie hatte sich ausnahmslos der Kunst verschrieben und war schließlich erfolgreich.«

Er sah mich an und ein zaghaftes Lächeln huschte über sein Gesicht.

***

»Sie hat mich erwischt!«

»Wie?«

Seine Kiefer mahlten. »Ich hatte ihr auf meinem Handy Fotos von Bildern gezeigt, die ich früher einmal gemalt hatte, musste dann kurz aufs Klo und habe sie mit meinem Handy allein gelassen.«

Seine Beine zitterten und seine Anspannung war im Raum fühlbar.

»Eine WhatsApp von der Agentur, die mir die Aufträge vermittelt, kam auf mein Handy.«

»Und sie hat die Nachricht gelesen?«

»Ja. Und den gesamten WhatsApp-Verlauf.«

Ich spürte seine Verzweiflung, aber ich durfte ihn nicht zu früh trösten, weil er ansonsten nicht das ganze Ausmaß der Geschichte erzählen würde.

»Eine Katastrophe für Sie.«

Er nickte niedergeschlagen.

»Mika hat ruhig reagiert. Sie ist aufgestanden, als ich vom Klo kam, und hat mir das Handy gegeben. Dann wünschte sie mir weiterhin Spaß und ist gegangen.«

»Wann war das?«

»Gestern. Ich bin froh, dass ich heute den Termin bei Ihnen habe, ansonsten würde ich durchdrehen.«

Ich nickte und wischte mir mit der Hand den Schweiß von der Stirn. Es war unerträglich heiß im Praxisraum, obwohl ich alle Fenster geöffnet hatte, die zu öffnen waren.

»Seitdem hat sich Mika nicht mehr bei Ihnen gemeldet?«

»Nein. Sie reagiert nicht auf meine Mails und Anrufe.«

»Lassen Sie ihr ein wenig Zeit. Sie wird sich melden, da bin ich mir sicher.«

»Was macht Sie da so sicher?«

»Mika liebt Sie. Sie wird von sich hören lassen, weil sie wissen will, seit wann Sie das machen und warum.«

»Wirklich?«

»Ich denke schon«, sagte ich. Die Sitzung näherte sich dem Ende. Wir vereinbarten den nächsten Termin und verabschiedeten uns. Ich setzte mich an den Schreibtisch und machte mir Notizen. Dabei lächelte ich in mich hinein. Erst soll ich die Liebe wegmachen und dann wieder herzaubern. Über mangelnde Abwechslung in meinem Beruf konnte ich mich nicht beklagen.

***

Der Sommer 2018 war der heißeste seit Beginn der Wetteraufzeichnungen. Obwohl es nach zwanzig Uhr war, kühlte es sich nur bis auf siebenundzwanzig Grad ab. Trotzdem zog ich die Laufschuhe an und lief durch den Wald. Die Temperaturen lockten viele Menschen in den schattigen Wald. Ein Gefühl von Leichtigkeit durchströmte mich und meine Füße flogen über den weichen Waldboden. Ein junges Paar kam mir lachend entgegen. Ihr langes weißes Kleid bildete einen starken Kontrast zu ihren schwarzen Haaren. Ihr Mund war rot geschminkt und suchte die Lippen ihres Partners, der athletisch gebaut und auch in Weiß gekleidet war. Er erwiderte den Kuss, hob sie hoch und drehte sich mit ihr um die eigene Achse. Sie schrie dabei auf, und als ich an ihr vorbeilief, zwinkerte sie mir vergnügt zu. Es schien so einfach, die Dinge zu tun, die wir tun möchten …

***

Sein makelloses weißes Hemd hatte er weit geöffnet. Die braun gebrannte Haut glänzte vor Schweiß.

»Die Temperaturen passen zu meiner Laune. Ich bin richtig gut drauf.«

»Weshalb?«

»Sie hatten recht. Mika wollte mich wiedersehen und mit mir reden. Als ich ihr erklärte, dass es ein Job ist, um Geld zu verdienen und mein Leben zu finanzieren, war sie etwas beruhigt.«

»Etwas?«

»Ja, ihr gefiel es nicht, dass ich Spaß bei meinem Beruf hatte.«

»Hatte?«

Er setzte sich aufrecht und lächelte mich an.

»Ich habe beschlossen, den Beruf als Callboy an den Nagel zu hängen. Mika hat mich bestärkt, diesen Schritt zu gehen, weil sie möchte, dass ich damit aufhöre und stattdessen das mache, was ich eigentlich will.«

»Und was ist das?«

»Malen. Endlich meine Kunst leben. Mika unterstützt mich darin. Sie zieht bei mir ein und übernimmt vorerst die Miete. Finanziell kann sie es sich erlauben, uns beide eine Zeit lang zu finanzieren. Sie ist Mathematikerin und in einem Versicherungskonzern angestellt. Dort verdient sie außerordentlich gut.«

»Und dann möchten Sie wieder Sie selbst sein?«

Er schluckte und seine Augen füllten sich mit Tränen. Er bekam einen melancholischen Ausdruck in seinem Gesicht, der mich rührte.

»Ja, und Sie sind schuld daran. Als Sie mich motivierten, hier bei Ihnen in der Praxis ein Bild zu malen, erinnerte ich mich an das, was ich mit Hingabe studiert hatte und was mein eigentlicher beruflicher Traum war: ein Künstler und Maler zu sein.«

Ich freute mich mit ihm. Wenn Klienten eine Selbsterkenntnis haben und diese umsetzen, ist es für den Therapeuten ein kleiner Erfolg.

»Darf ich das Bild zu Ende malen?«

»Aber natürlich«, sagte ich und holte Staffelei und Farben. Er mischte sie bedächtig und fing an, konzentriert zu malen. Das Läuten an der Tür zeigte den nächsten Patienten an. Ich stand auf, öffnete die Tür und ließ ihn hinein. Als ich wieder in den Praxisraum kam, gab mir Kevin Reis das Bild.

»Ich möchte es Ihnen gern schenken.«

Mit einem Lächeln nahm ich es und sah es mir genauer an und erkannte mich in meiner Praxis beim Malen eines Bildes ...

Der Lügenbaron

»Ich bin ein gottverdammter Lügner!« Verzweifelt sah Peter Sass mich an. »Bitte helfen Sie mir. Mein andauerndes Lügen bringt mich in Situationen, aus denen ich kaum herauskomme.«

Zusammengesunken und kraftlos saß er in dem Sessel. Sein Gesicht sah schlaff und blass aus.

»In welche ausweglose Situation hat Sie das Schwindeln gebracht?«

Verhuscht blickte er sich um. »Das Gespräch bleibt unter uns, oder?«

»Selbstverständlich«, beruhigte ich ihn.

»Meine Frau hat herausbekommen, dass ich nicht studiert habe. Sie sagt, das sei eine Lebenslüge.«

»Inwiefern?«

»Weil ich auf meinem erlogenen BWL-Studium und dem anschließenden Job unsere gemeinsame Zukunft aufgebaut habe.«

»Wann und wie ist der Schwindel aufgeflogen?«

»In der letzten Woche.« Er versuchte sich vor Scham unsichtbar zu machen, indem er sich in dem Sessel zusammenrollte. »Meine Frau hat entdeckt, dass auch mein Abiturzeugnis gefälscht ist.

Sie wollte mir eine Freude machen und zu meinem vierzigsten Geburtstag ehemalige Klassenkameraden einladen.«

»Lassen Sie mich raten. Ihre Frau hat in Ihrer damaligen Schule angerufen, um die Klassenliste zu bekommen.«

»Ja, und hat herausgefunden, dass ich nie an dieser Schule gewesen bin.«

Einen Hochstapler hatte ich bisher nicht in der Beratung. Ich war gespannt, welche Lügereien aus seiner Lebensgeschichte noch ans Tageslicht kommen würden.

»Wer hat Ihr Zeugnis und Ihr Diplom gefälscht?«

»Ein alter Schulfreund.« Seine Gesichtszüge entspannten sich. Wahrscheinlich weil ich ihn für seine Vergehen nicht ausgeschimpft habe, wie vermutlich sein Vater, wenn der ihm beim Lügen erwischte.

»Ein talentierter Schulfreund.«

»Ja. Schon zur Schulzeit hatte er bei schlechten Zensuren die Unterschriften meiner Eltern gefälscht.«

»Ihre Eltern haben nichts bemerkt?«

»Nein. Später hat er sein Hobby zum Beruf gemacht und ist Kunstmaler geworden.«

»Und ein Berufsfälscher«, sagte ich schmunzelnd.

»Na ja, von dem Hauptberuf kann er kaum leben.«

»Aber Ihr Freund ist nur ein Teil des Problems, nicht Ihr Hauptproblem, vermute ich. Seit wann lügen Sie?«, wollte ich von ihm wissen.

»Seit ich denken kann. Ich kann mich erinnern, als ich sieben Jahre alt war, da hatte ich meine Freundin Luci belogen.«

»Wie?«

»Na ja, ich hatte Luci geschworen, dass sie die Einzige ist, mit der ich gehe. Aber zur gleichen Zeit hatte ich mit Anne Händchen gehalten.«

Ich fragte mich, während ich ihn nachdenklich ansah, wie viele Frauen dieser unscheinbar wirkende Mann in seinem Leben angeschwindelt und wie vielen er das Herz gebrochen hatte.

Der Gong meiner Standuhr zeigte das Ende der Stunde an.

»Bevor wir gleich einen neuen Termin ausmachen, hätte ich eine Hausaufgabe für Sie. Sofern Sie einverstanden sind.«

»Gern. Dafür komme ich her.«

»Die zu erfüllende Hausaufgabe ist, bis zu unserem nächsten Termin in einer Woche nicht zu lügen.«

Sein Lächeln gefror zu einer steinernen Maske. »Oh, das wird schwer. Ich bin so drin in meiner Lügenrolle.«

»Versuchen Sie es«, gab ich ihm mit auf den Weg.

***

»Warum lügen Menschen?«

Birgit schaute mich überrascht an.

»Wie bitte?«

»Ich weiß, wir wollten heute nur essen gehen und nicht über den Beruf reden«, sagte ich und konnte kaum mit Birgits raumgreifenden Schritten mithalten. »Nur – ich habe einen neuen Klienten, der sein Leben auf Lügen aufgebaut hat.«

»Komm am Montag in meine Praxis und dann sprechen wir darüber«, keuchte sie und schien vor mir davonzulaufen.

»Warum so eilig? Das Restaurant läuft uns nicht weg.«

»Ich habe für acht Uhr einen Tisch bestellt und es ist nun Viertel nach acht.«

Endlich hatten wir das Restaurant am Eppendorfer Baum erreicht. Es war ein sogenannter In-Italiener. Durch die Fensterfront konnte ich einen Blick auf das Publikum erhaschen. Die Schickimicki-Gesellschaft des feinen Hamburger Stadtteils Eppendorf ließ sich hier kulinarisch verwöhnen.

»Ach Birgit, du weißt doch, dass ich solche abgehobenen Schuppen nicht mag. Lass uns woanders hingehen«, nörgelte ich.

»Nein, hier gibt es die beste Pasta der Stadt und wir gehen da rein. Du moserst immer herum, wenn ich ein Restaurant ausgesucht habe, und dann freust du dich, die Spitzenküche genießen zu können.«

»Du hast ja recht«, gab ich klein bei, als ein Galan von einem Kellner uns zu unseren Plätzen geleitete.

»Sie haben Glück, dass Ihr Tisch schon frei ist«, murmelte er und sah mitleidig auf uns herab.

»Wieso? Wir hatten den Tisch doch für zwanzig

Uhr bestellt«, fragte ich ihn und blickte nach oben. Weit nach oben. Der Kellner maß bestimmt über eins neunzig.

»Nein, erst für einundzwanzig Uhr, aber das ist schon in Ordnung«, sagte er schnippisch und rauschte davon.

»Birgit?«

»Na ja, Markus. Da ich weiß, dass du gern zu spät kommst zu unseren Verabredungen, habe ich ein bisschen geflunkert.«

»Weil du befürchtet hast, ich käme zu spät, hast du den Tisch für einundzwanzig Uhr bestellt, mir aber gesagt, wir hätten den Tisch um zwanzig Uhr?«

»Ja, so hatten wir einen Zeitpuffer von einer Stunde.«

»Birgit, du hast mich bewusst belogen«, sagte ich gespielt vorwurfsvoll.

Sie grinste mich an und hob ihr Glas Champagner. »Ja, mein lieber Markus, ich habe dich frech angelogen.« Klirrend schlugen unsere Gläser aneinander. »Aber manchmal darf ein Mensch schwindeln, um Ziele zu erreichen.«

»Deine Ziele?«

»Ja natürlich.«

»Aha«, murmelte ich und trank das Glas in einem Zug aus.

***

»Sie ist weg!«

»Wer?«, fragte ich und stellte meine Frage nach der Hausaufgabe, eine Woche lang nicht zu lügen, erst einmal zurück.

»Meine Frau. Sie hat mich verlassen.«

Peter Sass zerknüllte das Taschentuch, mit dem er sich vorher die Tränen aus den Augen gewischt hatte. Dabei zitterten seine Hände und hatten Mühe, das benutzte Papiertaschentuch in seine Hosentasche zu stecken.

»Warum?«, fragte ich und sah eine Fliege in das Zimmer fliegen, die nichts anderes zu tun hatte, als um meinen Kopf zu surren und sich auf meine Nase zu setzen.

»Sie hat herausgefunden, dass ich noch ein Kind habe.«

»Mit einer anderen Frau.«

»Ja.«

Ich war von der Neuigkeit nicht weiter überrascht und verscheuchte die Fliege mit einer Handbewegung von meiner Nase.

»Wie alt ist das Kind?«

»Zwölf. Ich habe auch mit der Mutter und dem Kind zusammengelebt.«

»Wie?« Nun war ich doch erstaunt über die Nachricht, die er mir mit einem verschämten Lächeln servierte.

»Vier Tage bei meiner Frau und den beiden Kindern und drei Tage bei Maren und dem kleinen Alex.«

»Wie haben Sie das organisiert?« In meiner Stimme schwang ein Hauch von Bewunderung für sein Organisationstalent mit.

»Ich arbeite im Außendienst und bin daher oft nicht zu Hause. Meine Frau kannte das nicht anders und hatte keinen Verdacht geschöpft.« Seine Mundwinkel zuckten und brachten Bewegung in den exakt geschnittenen und starr wirkenden Dreitagebart.

»Wie ist Ihnen Ihre Frau auf die Schliche gekommen nach so vielen Jahren?«

»Sie hat mein gesamtes Leben auf den Kopf gestellt.« Demütig senkte er den Kopf und schlang die Hände um seinen Nacken. »Was ich absolut verstehen kann, nach all den Lügengeschichten.«

»Wo ist Ihre Frau jetzt?«, fragte ich und schloss meinen Mund, da die Fliege mit hoher Geschwindigkeit auf mich zugeflogen kam.

»Bei ihrer Mutter.«

»Und die Kinder?«

Er verspannte sich und sprach mit leiser, kaum hörbarer Stimme.

»Mein großer Sohn ist bereits achtzehn Jahre alt. Er wohnt seit Kurzem in Berlin und studiert dort BWL.«

»Und das andere Kind?«, hakte ich nach.

»Leon ist auch bei der Oma.«

Ich spürte, dass er mir etwas verschwieg, und sagte deshalb so lange nichts, bis er es nicht mehr aushielt und von allein weitersprach.

»Leon ist bis auf den Tag so alt wie Alex.«

»Weiß Ihre Frau das auch?«

»Ja, und das macht sie fertig. Ich kann sie verstehen. Ich habe fast gleichzeitig zwei Kinder gezeugt. Mehr Ehebruch geht nicht.«

»Es ist im Moment ein bisschen viel für Sie«, versuchte ich, ihn zu trösten.

»Mein Leben fliegt mir um die Ohren«, schluchzte er und schlug die Hände vors Gesicht.

»Stück für Stück löst sich Ihr Leben auf.«

Er nahm die Hände von seinem Gesicht und nickte schwach.

»Wie sind Sie früher damit umgegangen, wenn Sie geschwindelt haben und erwischt worden sind?«

Er sah mich mit wässerigen Augen an. »Ich bin zu meinem kleinen Bruder gegangen. Der hat mich verstanden und mich getröstet. Egal was ich angestellt habe.«

»Können Sie auch heute zu ihm gehen, damit sie in den nächsten Tagen nicht allein sind.?«

»Ja, ich ziehe erst einmal zu ihm. Ich könnte es allein in dem großen Haus, ohne meine Frau und den Sohn, nicht aushalten.«

»Warum gehen Sie nicht zu Ihrer Geliebten, die

würde sich doch bestimmt freuen, Sie nur für sich zu haben.«

»Lieber nicht. Ich müsste ihr dann sagen, dass es noch eine andere Familie gibt.«

Ich lächelte in mich hinein. Natürlich wusste sie es nicht, weil er auch sie über Jahre hinweg belogen hat.

»Die Idee, bei Ihrem Bruder einzuziehen, finde ich gut.«

»Ich hoffe, dass es nicht für die Ewigkeit ist, sondern dass sich Maja bald beruhigt und wir wieder eine Familie werden.«

»Mit allem Drum und Dran, mit der Ehefrau, der Geliebten und den Kindern?«, fragte ich.

»Ja, das wäre schön. Dann wäre alles wieder gut«, sagte er mit einem zaghaften Lächeln.

»Ich weiß nicht, ob ich Ihnen das wünschen kann«, sagte ich, stand auf und ging zu meinem Schreibtisch, um den Terminplaner zu holen. Wir vereinbarten den nächsten Termin und dabei sah ich, wie die Fliege, die mich während der Sitzung ein wenig genervt hatte, durch das geöffnete Fenster flog.

***

Heftige Turbulenzen schüttelten das Flugzeug so stark, dass mir fast der Kaffeebecher aus der Hand fiel. Mir machte das Geschaukel nichts aus. Im Gegenteil, ein wenig Action tat mir gut nach meinem fast langweiligen Wochenendseminar in München.

Der Dozent des Seminars hatte das Thema, »Der geheimnisvolle Klient«, bieder und ermüdend umgesetzt. Ich hatte Mühe, dem gleichförmigen Klang seiner Stimme zu folgen, und mich beim Einnicken erwischt. Spannend war da eher das kollegiale Beisammensein im Hofbräuhaus, wie es in dem Seminarblatt hieß. Die Kollegen und ich waren extrem locker nach ein bis fünf Maß Bier, je nach Training und Konstitution. Bei mir wirkte bereits die zweite Maß, als mich meine Kollegin Rita aus Köln zum Tanzen aufforderte. Sie umschlang mich und zog mich nicht auf die Tanzfläche, sondern auf den riesigen Tisch, an dem unsere Kollegen saßen. Wir tanzten beziehungsweise wir verrenkten uns und sangen atemlos. Plötzlich sprang Rita in meine Arme. Ich fing sie gerade noch auf, geriet aber ins Straucheln, konnte das Gleichgewicht nicht mehr halten und fiel mit ihr auf den Tisch. Dabei schleuderten wir gegen unseren Seminarleiter und seine Frau und landeten auf dem Boden. Als Rita und ich uns aufrappelten, kicherte sie und orderte bei der eilig herbeigelaufenen Kellnerin zwei Maß Bier.

»Alles gut?«, fragte ich den Seminarleiter, dem bei unserem Sturz ein Maß Bier über den Trachtenanzug gespritzt war. Seine Frau, offenbar unverletzt, kniete vor ihm und versuchte, die triefenden Bierflecken mit roten Papierservietten zu entfernen.

»Ja, ja, alles gut«, antwortete er zerknirscht, um im nächsten Atemzug seine Frau anzuschreien. »Monika, du versaust mir mit den roten Papiertüchern den Anzug!«

Ich hatte die beiden ihrer nachvollziehbaren Missstimmung überlassen und mich einer Polonaise tanzenden Gruppe angeschlossen, die an mir vorbeigeschaukelt war.

Schmunzelnd dachte ich im Flugzeug sitzend an den Abend und mit Schmerzen an den Morgen danach. Mit klopfenden Kopfschmerzen hatten die Kollegen und ich im Seminarraum gesessen. Ich hatte kaum der einschläfernden Stimme des Seminarleiters folgen können, war aber aus der Lethargie aufgewacht, als ich das Thema »Lügen und Geheimnisse von Klienten« vernahm. Ich versuchte, meinen gefühlt tonnenschweren Kopf zu heben und dem Dozenten aufmerksam zuzuhören.

»Klienten teilen uns oft nicht die ganze Wahrheit mit und erzählen uns nicht alles, was sie denken und fühlen.«

»Warum tun sie das?«, rief Rita, die sich besser von dem Abend erholt hatte als ich.

»Eine gute Frage«, antwortete er, sichtlich erfreut, dass sich jemand aus dem sonst apathisch wirkenden

Plenum gemeldet hatte. Die Stimme des Seminarleiters gewann an Schneidigkeit.

»Aus Angst davor, von den Therapeuten beschämt zu werden.«

»Deshalb müssen wir behutsam und achtsam mit den Klienten umgehen«, sagte Rita.

»Genau, denn nur dann erlauben uns die Klienten, in die Nähe ihres Kerns zu kommen, und öffnen sich uns mit all ihren Geheimnissen.«

»Aber, denken Sie daran, meine lieben Kollegen«, er hob theatralisch den rechten Zeigefinger, »ein Geheimnis oder eine kleine Lebenslüge behalten sie fast immer für sich. Wir brauchen Vertrauen in uns und in die Klienten, dass auch das sein darf. Und wir sollten sie wertschätzen, genauso wie wir uns selbst achten sollten für die süßen Geheimnisse, die wir niemandem preisgeben.«

***

»Ich habe noch ein Geheimnis?«

»Ja?«

»Ich bin ein Spieler.«

»Was spielen Sie?«

»Blackjack und Roulette.«

»In Spielcasinos?«

»Ja, ich kenne sie alle. Von Hamburg bis Wiesbaden. Ich habe überall gespielt und gewonnen.«

»Und verloren.«

»Ja, leider.«

»Spielen kostet Geld.«

»Das stimmt. Es wurde auch immer mehr zu einem Problem.«

»Inwiefern?«

»Mir ging das Geld aus und so konnte ich meinen Verpflichtungen kaum mehr nachkommen.«

»Das bedeutet?«

»Ich habe die Hypothek für unser Haus seit einem Jahr nicht mehr bezahlt. Meine Frau weiß bis heute nichts davon.«

»Wie konnten Sie das vor ihr geheim halten?«

»Ich habe unsere Post gemacht. Meine Frau hat mir vertraut und sich nicht um die Finanzen gekümmert.«

»Fatal für sie«, sagte ich, ahnend, dass der Hammer noch kommen würde.

»Ja, in einem Monat ist die Zwangsversteigerung.«

»Ihre Frau musste doch von dem Gericht darüber informiert worden sein.«

»Ja, auch den Brief habe ich abgefangen. Ich habe dem Gericht geschrieben, dass meine Frau unheilbar an Krebs erkrankt sei und dass ich die Vormundschaft für sie habe und ihre Geschäftsinteressen vertrete.«

»Brauchten Sie dafür nicht einen richterlichen Beschluss?«

»Gefälscht.«

»Von Ihrem Freund, dem Fälscher?«

»Dem Kunstmaler«, korrigierte er mich mit einem gequälten Lächeln.

»Wie fühlt es sich an, in den Abgrund zu schauen?«

»Fürchterlich. Ich bin am Ende.« Nervös öffnete er zwei Knöpfe seines zitronenfarbenen Hemdes. Ein Büschel graues krauses Brusthaar sprang hervor.

»In unserer vorletzten Stunde hatte ich Ihnen die Hausaufgabe mitgegeben, eine Woche lang nicht zu lügen. Haben Sie durchgehalten?«

»Ja, ich habe es geschafft, bis heute niemanden zu belügen.«

»Herzlichen Glückwunsch. Und wie fühlt es sich für Sie an, einfach nur Sie selbst zu sein?«

»Wie meinen Sie das?«

»Wenn Sie lügen und sich weiter in Ihr Lügennetz verstricken, sind Sie dann Peter Sass oder jemand anderes?«

Verständnislos sah er mich an. »Ich kann Ihnen nicht ganz folgen.«

»Als Sie Ihr Diplom gefälscht hatten …«

»... haben fälschen lassen«, unterbrach er mich.

»Als Sie Ihr Diplom haben fälschen lassen, da wollten Sie jemand anderes sein. Sie begehrten, ein Mensch mit einem akademischen Abschluss zu sein.«

Er setzte sich aufrecht hin und knöpfte sein Hemd bis zum Hals zu.

»Ja, ich wollte gesellschaftlich aufsteigen und war heiß aufs Geldverdienen.«

»Wozu?«

»Ist doch logisch. Viel Geld bringt Ansehen und Respekt.«

»Bei wem?«

»Bei den Menschen in meinem Umfeld. Familie, Nachbarn, Arbeitskollegen …«

»Können Sie sich vorstellen, dass es Menschen gibt, die Geld und Ansehen nicht unmittelbar miteinander verknüpfen? Verstehen Sie es bitte nicht falsch – natürlich brauchen wir Geld, um uns einen gewissen individuellen Lebensstandard zu leisten. Aber ist der Preis, jeden Tag eine Maske tragen zu müssen, um Ihr wirkliches Selbst zu verschleiern, nicht zu hoch dafür?«

»Aber was ist denn mein wirkliches Selbst?«, brach es aus ihm heraus. »Wer bin ich?«

Wind kam auf und der Himmel verdunkelte sich. Ich stand auf und schaltete das Licht an.

»Das wäre die Hausaufgabe für unsere nächste Sitzung: darüber nachzudenken, wer Sie wirklich sind. Eins weiß ich: Sie sind nicht als Schwindler auf die Welt gekommen.«

»Das stimmt. Dann hat die Welt aus mir einen Lügner gemacht.«

»Ist das so?«

Zu unserer nächsten Sitzung kam er eine halbe Stunde vor dem vereinbarten Termin. Er nahm im Wartezimmer Platz, holte einen Schreibblock aus einem schwarzen Aktenkoffer und einen Kugelschreiber aus seiner Sakkoinnentasche.

»Ich habe die Hausaufgabe nicht geschafft und mache sie jetzt schnell«, sagte er entschuldigend und beugte sich über den Schreibblock.

Ich lächelte in mich hinein. Es kam oft vor, dass die Klienten ihre Hausaufgaben erst kurz vor der Sitzung erledigten. Ich gab einigen Klienten gern Hausaufgaben auf, weil sie dann noch einmal über die Beratungsstunde nachdenken und Antworten finden konnten auf die von mir oder vom Leben gestellten Fragen. Es war nicht wichtig, ob oder wann sie ihre Aufgaben machten. Ihr Unterbewusstsein beschäftigte sich mit den Fragen und dem Thema, ob sie es wollten oder nicht.

Ich ließ ihn seine Hausaufgaben im Wartezimmer machen und kümmerte mich derweil um meine Büroarbeiten.

»Ich habe die Hausaufgabe fertig.«

»Sehr gut«, lobte ich und bat ihn, Platz zu nehmen.

»Es ist Ihnen nicht schwergefallen, eine Antwort zu finden?«

»Es ist eine philosophische Frage, wer ich bin oder was mein wahres Selbst ist, und daher habe ich keine endgültige Antwort gefunden. Aber eine Erkenntnis gehabt!«, sagte er triumphierend.

»Lassen Sie hören«, sagte ich und fuhr mir mit meiner rechten Hand durch die Haare. Dabei riss ich meine Brille herunter, die ich nach oben auf den Kopf geschoben hatte. Sie fiel platschend in das Glas Wasser, das ich mir eingeschenkt hatte. Peter Sass ignorierte den Vorfall und sprach weiter:

»Meine Erkenntnis ist: Ich bin weiß und rein wie der Schreibblock hier.« Er zeigte mir einen weißen, unbeschriebenen Block. Ich starrte erst den Block an und dann ihn.

»Wie meinen Sie das?«

»Wenn ich mich wieder auf meine Reinheit besinnen könnte, darauf, nur der zu sein, der ich bin: Ein normaler Mensch, nicht übermäßig klug, aber auch nicht blöd. Aufmerksam den Mitmenschen gegenüber und ein liebevoller Ehemann und Familienvater. Mit Hobbys, wie Fußball gucken und mit Freunden Karten spielen. Und nicht den Block des Lebens vollzuschreiben mit Fähigkeiten, die ich nicht habe, oder mit Dingen, die ich meine, haben zu müssen.«

Ich nickte ihm anerkennend zu. »Ich glaube, Sie haben den Schlüssel gefunden.«

Er schaute nachdenklich auf meine Brille, die aufrecht in dem Wasserglas schwankte.

»Ich brauche nur ich zu sein. Nicht mehr und nicht weniger.«

»Und mehr verlangt auch keiner.«

Da ich noch nicht an die Halbwertzeit seiner Erkenntnis glauben mochte, bot ich ihm einen Abschlusstermin an, den er mit einem breiten Lächeln annahm. Nachdem ich ihn verabschiedet hatte, schaute ich aus dem Fenster und genoss die Farben eines Regenbogens, der wie gemalt am Horizont hing. Ich ging zu meinem Sessel, setzte mich und wollte mir ein paar Gedanken über den Klienten machen, als ich meine Brille in dem Wasserglas schwimmen sah. Ich nahm sie heraus und putzte sie. Dabei fragte ich mich, warum ich gerade bei dem Thema Lügen meinem Tick nachgegeben hatte.

»Haben Sie nicht einen Schnaps für mich? Anstelle des lauwarmen Wassers hier!« Peter Sass knallte das Glas hart auf den Tisch, dass das Wasser in einer hohen Fontäne aus dem Glas schwappte.

»Was macht Sie ärgerlich?«, fragte ich und wischte das Wasser mit einem Papiertaschentuch vom Tisch.

»Die ganzen Erkenntnisse helfen mir nicht, weil mir mein Leben endgültig um die Ohren geflogen ist.«

»Was ist passiert?«

»Mein Chef hat mich entlassen.«

»Wann und warum?«

»Ich bin so sauer! Vor allem auf meine Frau. Die Verräterin hat meinem Chef eine E-Mail geschickt.« Seine Lippen zitterten vor Wut. »Sie will mich fertigmachen! Sie hat ihm geschrieben, mein Diplom und meine Zeugnisse seien gefälscht.«

»Ihr Chef hat Sie daraufhin zu einem Gespräch gebeten?«, fragte ich ruhig und legte etwas Samt in die Stimme. Ich wusste um die beruhigende Wirkung meiner Stimme, die auch jetzt eintrat: Sein nervöses Lippenzucken legte sich.

»Ja, und er hat mich direkt gefragt, ob an den Behauptungen meiner Frau etwas dran sei.«

»Und?«, fragte ich gespannt.

»Ich wollte nicht lügen. Wollte endlich zu den Taten stehen.«

»Haben Sie?«

»Ja, ich habe ihm alles gestanden. Dass mein Universitätsdiplom und die Arbeitszeugnisse der vorherigen Firmen, in denen ich gearbeitet hatte, gefälscht sind.«

»Ich gratuliere Ihnen zu Ihrer Ehrlichkeit«, sagte ich anerkennend.

»Danke dafür, nur hat mich mein Chef zum Dank für meine Ehrlichkeit rausgeworfen«, sagte er niedergeschlagen. Die anfängliche Aggressivität hatte sich in Tränen aufgelöst.

Ich gab ihm ein Taschentuch und ließ ihn ausweinen. Die Tränen über sein auf Lügen aufgebautes Leben sollten sich vollständig Bahn brechen und durften nicht aufgehalten werden. Zehn Minuten lang weinte und schluchzte er, bis alle Tränen versiegt waren und er sich erschöpft in den Sessel fallen ließ. Ich gönnte ihm einige Minuten Ruhe.

»Herr Sass, manchmal müssen wir Menschen unten angekommen sein. Chaos, überall Chaos. Frau und Kinder weg. Keinen Job mehr. Das Haus soll versteigert werden. Nichts geht mehr, so scheint es. Aber aus der größten Verwirrung kann eine neue Ordnung entstehen. Wie der Lateiner so schön sagt: Ordo ab Chao.«

»Sie meinen, ich musste erst alles verlieren, um dann mein Leben neu aufzubauen zu können.«

Ich nickte. »Ja, so wie Sie es in unserer letzten Stunde so schön mit der Metapher des unbeschriebenen weißen Blattes erzählt hatten. Buchstabe für Buchstabe kann darauf Ihre neue und ehrliche Biografie entstehen.«

»Aber was soll ich tun? Ich habe keinen Beruf gelernt.«

»Wie alt sind Sie?«

»Neununddreißig Jahre alt.«

»Nicht zu alt für einen Neuanfang, oder?«

»Im Moment fühlt sich das nicht nach einem Neuanfang an«, sagte er gequält. »Aber tief in mir weiß ich, dass Sie recht haben. Es ist eine Chance, noch einmal von vorn anzufangen.«

»Denken Sie an die Kausalität. Beginnen Sie den

Neustart in Ihrem Leben mit einer Lüge, wird sie sich voraussichtlich bis zum Ende Ihres Daseins multipliziert haben.«

»Und das anfänglich leere weiße Blatt würde allmählich wieder mit meinen Lügen unkenntlich verschmiert werden. Wenn ich nicht die Lehren aus unseren Sitzungen umsetze, werde ich es nie schaffen, ein ehrliches Leben zu zeichnen.«

»So könnte es kommen«, pflichtete ich ihm lächelnd bei. Wir verabschiedeten uns mit einem festen Händedruck, den ich stärker und entschlossener fand, vielleicht auch ehrlicher.

Die Politikerin

Sie ignorierte meine Hand, die ich ihr zur Begrüßung hingestreckt hatte, rauschte an mir vorbei und ließ sich in den Sessel fallen.

»Warm bei Ihnen, Herr Stern. Haben Sie keine Klimaanlage?«, ächzte sie mit einer tiefen Frauenstimme.

»Nein, leider nicht, aber ich kann den Ventilator höher stellen.«

»Machen Sie das und bringen Sie mir bitte ein Glas Wasser.«

Ich nickte, stellte den Ventilator eine Stufe höher und holte ein Glas Wasser.

Claudia Lünso hatte mich vor ein paar Tagen angerufen und gesagt, sie bräuchte einen Termin, irgendetwas sei in ihrem Umfeld nicht in Ordnung. Die Menschen würden sich plötzlich merkwürdig ihr gegenüber benehmen.

»Was kann ich für Sie tun?«, fragte ich sie und entdeckte eine feine Staubschicht auf meiner Anrichte.

Sie blickte mich fest mit ihren wasserblauen Augen an. »Ich bin Politikerin einer großen Volkspartei«, sagte sie und stockte.

»Ja?«

»Mein Fraktionschef hat mir geraten, psychologische Hilfe in Anspruch zu nehmen, weil meine

Mitarbeiter und Parteikollegen mit mir nicht mehr zurechtkommen.«

»Woran liegt das?«, wollte ich von ihr wissen.

»Na, an den Mitarbeitern und Kollegen. Die sind nicht mehr belastbar! Das sind alles Luschen und Weicheier. Die nörgeln und beschweren sich, weil ich sie härter anfasse.« Ihre Augen waren nur noch kleine Schlitze.

»Wenn das so ist, müssten Ihre Mitarbeiter und Kollegen zur psychologischen Beratung kommen und nicht Sie, weil mit Ihnen alles in Ordnung ist.«

»Ja, aber ich verstehe das nicht. Ich habe mich nicht verändert. Eine meiner Mitarbeiterinnen im Büro ist, seitdem sie sechzig Jahre alt geworden ist, kaum auszuhalten. Andauernd spricht sie über ihre Krankheiten und folgt meinen Anweisungen mit Widerwillen!«, brauste sie auf.

»Frau Lünso, seit wann bestehen die Probleme mit Ihren Mitmenschen?«

Sie sah mich abschätzend mit heruntergezogenen Mundwinkeln an. »Ich weiß nicht, seit wann die alle durchdrehen. Vielleicht liegt es an dem heißen Sommer oder die Menschheit wird immer verrückter.«

Ich versuchte, die Staubschicht auf der Anrichte mit meinen Blicken zu entfernen, was leider nicht klappte.

Die Standuhr zeigte durch ihren zarten Gong das Ende der Sitzung an.

»Wenn Sie mögen, können Sie zu unserer nächsten Stunde eine Liste anfertigen mit den Namen all der Personen, die eigentlich hier zur Beratung kommen sollten.«

»Das verstehe ich nicht. Ich bin zu Ihnen gekommen.«

»Aber Sie haben doch kein Problem.«

Sie verließ kopfschüttelnd die Praxis und ich holte ein Tuch und kümmerte mich um den Staub auf meiner Anrichte. Beim Wischen kam mir der Gedanke, ob der Staub ein Problem mit mir hat? Liegt er nicht da, um mich zu ärgern? Ich lächelte in mich hinein und kam zu der Erkenntnis: Das Problem war nicht der Staub, sondern ich, der den Staub weghaben wollte.

»Wo sind die Tankbelege?«, bellte mich meine Steuerberaterin an.

»Habe ich vergessen«, sagte ich kleinlaut.

»Dann behalten Sie die, bis sie zu Staub verfallen. Ich werde jetzt Ihren Einkommensteuerbescheid fertig machen. Mit oder ohne Tankbelege.«

Ihr massiger Oberkörper hob und senkte sich beim Ein- und Ausatmen. Ich hatte Angst um sie, nein, mehr um mich.

»Wehe, Sie sagen, die anderen sind daran schuld, dass Sie Ihre Steuererklärungen nicht hinkriegen.«

»Die anderen nicht, aber der heiße Sommer. Außerdem hatte ich viel in der Praxis zu tun.«

»Und, und, und«, unterbrach sie mich. »Projizieren nennt ihr Therapeuten das doch, wenn man seine Probleme auf andere überträgt. Da sollten Sie dran arbeiten, bevor es chronisch wird. So, und nun habe ich Feierabend«, sagte sie und knallte meine Steuerakte zu. Ich verabschiedete mich mit einer Verbeugung von ihr und sah zu, dass ich ihre Kanzlei verließ, bevor sie mir meine Akte an den Kopf warf. Ich stieg auf mein Fahrrad und machte mich auf den Weg in die Praxis. Ich hatte gute Laune. Während ich fröhlich vor mich hin radelte, fragte ich mich, ob ich so gut drauf war, weil mir die Herbstsonne ins Gesicht schien oder ob ich aus mir selbst heraus, in bester Stimmung war.

Meine gute Laune hielt an, während ich das Bücherregal in meiner Praxis putzte. Ich fühlte mich so gut, dass ich laut einen Sommerhit pfiff und fast das Läuten an der Tür überhört hätte. Ich schaute auf die Uhr. Eigentlich war noch eine Stunde Zeit, bis meine nächste Klientin ihren Termin hätte. Mit Schwung öffnete ich die Tür und sah in ein tränenüberflutetes Gesicht.

»Frau Lünso, was ist passiert?«, rief ich betroffen. »Kommen Sie herein und nehmen Sie bitte Platz.« Ich geleitete die Politikerin in das Behandlungszimmer und bat sie, sich zu setzen.

»Mein Mann hat mich verlassen«, schluchzte sie und verschmierte ein Gemisch aus Tränen, Wimperntusche und Make-up in ihrem Gesicht.

»Warum?«

»Er hat mich mit meiner Freundin erwischt.«

»Wo hat er sie ertappt?«

»Bei uns zu Hause.«

»Seit wann haben Sie eine Geliebte?«

»Seit zehn Jahren.«

»Eine lange Zeit, um ein anstrengendes Doppelleben zu führen, oder?«

»Ja, aber ich konnte mich nicht outen.«

»Wegen Ihrer politischen Karriere?«

»Ja, was hätte ich denn tun sollen? Die Öffentlichkeit zwingt mich, den äußeren Schein von einer glücklichen Ehe aufrecht zu halten.« Sie hatte aufgehört zu weinen und zupfte ihre blonden kurz geschnittenen Haare zurecht.

Ich beugte mich nach vorn und sah ihr in die Augen. »Die Öffentlichkeit ist schuld an Ihrem eingeschränkten Leben?«

»Ja!«

Mir wurde warm und ich ging zum Fenster, um es zu öffnen, aber es hakte. Ich drückte mit voller Wucht dagegen. Krachend schlug das Fenster auf, schnellte zurück und stieß gegen einen kleinen Porzellanaffen, der sich auf der Fensterbank ausgeruht hatte. Mit einem Knall fiel der Affe auf den Boden und zersplitterte in Einzelteile.

Meine Klientin schreckte hoch.

»Der Knall hat mich geweckt. Ich weiß jetzt, was ich zu tun habe«, sagte sie und stand auf.

»Ja?« Ich war überrascht über ihren plötzlichen Stimmungswandel.

»Ich werde meinen Mann zurückholen. Ich lasse nicht zu, dass er meine Karriere zerstört.«

»Und Ihre Freundin?«

»Die behalte ich.«

Na klar, sie wollte ihre Geliebte behalten. Nichts ist schöner, als aus allen Honigtöpfen zu schlecken, die das Leben so bietet, anstatt nur aus einem.

»Wie wollen Sie ihn zurückholen?«

»Durch Druck. Auch er hat ein paar Leichen im Keller und will nicht, dass die Öffentlichkeit es weiß.«

Der Gong zeigte das Ende der Stunde an. Sie gab mir die Hand und sagte lächelnd: »Bis nächste Woche! Und schreiben Sie mir den kaputten Affen auf die Rechnung. Sein Sturz hat mir die Eingebung gebracht. Eigentlich gehört ihm das Honorar.«

Ich schaute aus dem geöffneten Praxisfenster und sah, dass die Eiche, deren Äste fast in mein Zimmer hineinwuchsen, ihre Blätter verlor. Der Herbst schickte einen stürmischen Wind, der Wolken vor die Sonne schob und einige Schriftstücke von meinem Schreibtisch wehte. Ich schloss das Fenster, hob die Blätter vom Boden auf und sortierte sie in die zugehörigen Akten. Obenauf legte ich die Akte von Claudia Lünso. Ich las die Aufzeichnungen unserer letzten Stunden durch. Sie war emotional verhärtet, aber vielleicht konnten unsere Gespräche sie öffnen, damit sie mehr von sich und ihren Emotionen preisgab, um ihre eigenen Anteile zu erkennen, die in ihrem Umfeld zu Chaos führten...

Claudia Lünso ließ auf sich warten. Vor zehn Minuten hatte ihre Beratungsstunde begonnen. Ohne sie. Ich wusste, dass sie kommen würde, und füllte entspannt die Wassergläser. Als es an der Tür läutete, öffnete ich sie mit einem Lächeln, das mit einem breiten Grinsen erwidert wurde.

»Entschuldigen Sie bitte die Verspätung, die Fraktionssitzung zog sich heute wie Kaugummi.«

»Kein Problem«, sagte ich und bat sie, Platz zu nehmen. »Sie wissen ja, wir müssen pünktlich Schluss machen, weil nach unserem Termin der nächste Klient kommt.«

»Ich weiß, und es ist nicht schlimm, weil es mir heute gut geht.«

»Oh, das freut mich. Darf ich den Grund Ihres Wohlbefindens erfahren?«

»Oh ja. Mein Mann hat seinen Fehler eingesehen und ist wieder zu Hause eingezogen. Und die nervige Mitarbeiterin aus meinem Büro hat gekündigt.«

»Erfreuliche Nachrichten für Sie.«

»Ja, und das werde ich heute Abend mit meiner Freundin feiern.«

»Was sagt Ihr Mann dazu?«

»Ach, der hat Hausarrest nach dem ungebührlichen Verhalten. Er hat die Strafe verdient. Mich zu verlassen und damit in der Öffentlichkeit bloßzustellen, das geht nicht.«

»Was meinen Sie mit Hausarrest?«

»Er hat das Haus auf Vordermann zu bringen. Putzen, aufräumen und alles, was dazugehört.«

»Das macht er?«

»Es bleibt ihm nichts anderes übrig. Ansonsten mache ich ihm das Leben zur Hölle.«

»Fühlen Sie Mitleid mit ihm?«

»Warum sollte ich?«

Schweigen.

Sie schaute mich bohrend an. »Fühlen Sie Mitleid mit meinem Mann?«

»Ja. Dass Ihr Mann sich kleinmacht, das tut mir leid. Mit Sicherheit leidet er darunter, seine Männlichkeit abgeschnitten bekommen zu haben.«

»Sind Sie auf der Seite meines Mannes?«

»Nein, ich versuche nur, mich in Ihren Mann einzufühlen.«

»Wozu?«

»Um ihn und Sie zu verstehen.«

Angriffslustig warf sie ihren Kopf zurück. »Sie meinen, es mangelt mir an Einfühlungsvermögen?«

Ich antwortete nicht, damit sie sich die Frage selbst beantwortete.

Unser Schweigen ließ sie in sich gehen und plötzlich liefen Tränen über ihre dick geschminkten Wangen.

»Ich habe es nicht gelernt, mich um die Gefühle anderer Menschen zu kümmern.«

»Können Sie Ihre Gefühle spüren?«

»Nur bedingt, hauptsächlich spüre ich Wut in mir«, sagte sie und blickte mich mit tränenunterlaufenen Augen an.

»Was macht Sie wütend?«

»Ich musste immer kämpfen.«

»Wofür?«

»Um die Anerkennung und Liebe meiner Eltern. Um die Wertschätzung der Kollegen in der Partei. Meine Eltern haben mich nur mit Liebe überhäuft, wenn ich Leistungen erbrachte. Egal ob in der Schule oder im Sportverein.«

»Und wenn der Erfolg ausblieb, aus welchen Gründen auch immer?«

»Dann gab es keine Umarmungen und keine menschliche Zuwendung mehr von meinen Eltern. Und wenn ich weinte, weil ich unter diesen Zurückweisungen litt, hörte ich nur von ihnen: ›Hör auf zu heulen, geh in dein Zimmer und fang an zu lernen, damit du nicht noch einmal mit einer Fünf oder Sechs nach Hause kommst.‹«

»Und dann haben Sie sich Ihre Emotionen abtrainiert, um die Bekümmertheit nicht mehr zu fühlen?«

»Ja.«

Dicke Tränen liefen über ihr Gesicht und ruinierten ihr dick aufgetragenes Make-up.

Ich gab ihr Raum und Zeit, sich von der Traurigkeit zu verabschieden, und sah, wie ein herbstfarbenes Eichenblatt vor meinem Fenster im Wind tanzte.

»Nun bin ich erschöpft, aber ich fühle mich etwas erleichtert«, sagte sie, erhob sich und gab mir ihre tränennasse Hand.

Ich begleitete sie zur Tür. Auf der Türschwelle drehte sie sich um und ergriff meine Hand. »Ich sollte nicht so streng mit meinem Mann und meinen Mitarbeitern sein und mir die Mühe machen, zu fragen, wie es ihnen geht.«

Ich nickte sanft und sie nahm die nicht ausgesprochene Antwort von mir dankbar auf.

***

»Ich habe etwas Neues und das möchte ich gern an dir ausprobieren«, rief Birgit aufgeregt, als sie mich in ihrer Praxis empfing. Sie führte mich in ihr Behandlungszimmer und drückte mich in den Sessel. Ich ließ es geschehen, weil ich wusste, Widerstand war zwecklos. Wenn Birgit in Fahrt war, konnte sie nichts und niemand aufhalten.

»Da bin ich gespannt«, rief ich ihr hinterher, als sie in einem Nebenraum verschwand. Kurz darauf kehrte sie mit einer überdimensionalen Brille zurück.

Sie stülpte mir die Brille über die Nase und ruckelte sie auf meinem Kopf zurecht, bis ich nichts mehr sehen konnte.

»Das ist eine Emotionsbrille, die dich in ein Gefühl führt, das du kennst.«

»Ach was«, murmelte ich.

»Du wirst gleich eine Situation durch die Brille erleben und ich bin gespannt, was du berichtest.«

Ich lehnte mich zurück, um sofort wieder voller Anspannung aufrecht in dem Sessel zu sitzen. Ich rauschte mit einer hohen Geschwindigkeit in einer Achterbahn herab und schrie, als sie an dem tiefsten Punkt angekommen war. Die Brille erlaubte ein lebensechtes Erleben. Ich raste auf einen zweifachen Looping zu, verspannte mich und riss mir die Brille von meinem Kopf.

Erschöpft und nass vor Schweiß, sah ich kopfschüttelnd Birgit an, die grinsend vor mir saß.

»Du weißt, dass ich Achterbahn fahren hasse. Gemein von dir!« Mit zittrigen Händen griff ich nach dem Wasserglas, um meine ausgetrocknete Kehle zu befeuchten.

»Ja, tut mir leid, aber ich musste die Brille ausprobieren, bevor ich mit Patienten damit arbeite.«

»Und was soll das bringen?«

»Konfrontation mit der Angst. Du weißt, nach der kognitiven therapeutischen Vorarbeit setzen wir die Patienten den Situationen aus, vor denen sie sich am meisten fürchten.«

»Ah, ich verstehe. Da du die Klienten nicht bei den Achterbahnfahrten persönlich begleiten kannst, werden sie durch die Brille simuliert«, sagte ich und spürte, wie sich mein Körper langsam entspannte.

»Ja, und ich kann mit dem Patienten, nachdem er die Situation gemeistert hat, anschließend darüber sprechen.«

Eine gute Sache, dachte ich und überlegte, ob ich mir auch so ein Ding anschaffen sollte.

»Da ich die Brille nicht jeden Tag in meiner Praxis brauche, kann ich sie dir gern leihen, wenn du den geeigneten Patienten dafür hast.«

Ich sah auf das Bild, das hinter Birgit an der Wand hing. »Ist die Brille auch für Patienten geeignet, die schwer oder gar keine Gefühle empfinden können?«, fragte ich und spürte ein warmes Gefühl im Bauch beim Betrachten des Bildes.

»Eher nicht. Das Programm der Brille hat zurzeit nur angstmachende Situationen gespeichert. Zur Konfrontationstherapie.« Birgit schaute mich nachdenklich an und schien ergründen zu wollen, was in meinem Kopf vor sich ging.

»Schade. Ein Programm, das uns eine Situation vorspielt, in der wir uns in einen Partner oder eine Partnerin verlieben können, wäre eine hilfreiche Erfindung«, sagte ich.

»Wie auf dem Bild hinter mir?«

Das Bild zeigte eine Szene in Paris zur Jahrhundertwende. Ein eng umschlungenes Paar, das losgelöst von Zeit und Raum der Sonne entgegenschwebte und sich dabei innigst küsste. Der Eiffelturm im Hintergrund war so fein gezeichnet, dass die Umrisse nur zu erahnen waren. Passanten schauten gerührt auf das Paar und schienen von dem Glück der beiden angesteckt zu sein und tanzten um das verliebte Paar herum. Die Frau, die den Mann küsste, hatte lange dunkle gewellte Haare, die über ihre Hüften fielen. Auf dem Kopf trug sie einen kleinen weißen Hut, der wunderbar zu ihrem leichten, fast durchsichtigen Sommerkleid passte. Er trug einen hellblauen Sommeranzug und seine blonden gewellten Haare wölbten sich unter ihren Händen, die seinen Nacken umklammerten. Das Paar, die Szenerie und die Farben des Bildes strahlten Liebe und Harmonie aus.

**

Meine Klientin Claudia Lünso schwebte in die Praxis, nachdem sie mir zur Begrüßung andeutungsweise einen Kuss auf die Wange gehaucht hatte.

»Mir geht es heute wunderbar. Ich spüre einen leichten Prozess der Veränderung, seitdem wir miteinander sprechen. Ich wollte schon unseren Termin absagen, weil es mir besser geht und ich nichts Negatives zu berichten habe.«

»Was ist der Grund Ihrer guten Laune?«

»Ich habe mich mit meinem Mann ausgesöhnt. Wir haben lange miteinander gesprochen. Und«, sie machte eine theatralische Pause, »er hat gesagt, er liebt mich, auch nach all dem, was zwischen uns passiert ist.«

»Wie wunderbar. Was für eine berührende Aussage und Bestätigung für Sie. Ihr Mann gesteht Ihnen seine Liebe. Und er verzeiht Ihnen. Sogar Ihr Verhältnis?«

»Ja, und mir wurde heiß bei seinen Worten der Liebe.«

»Wo haben Sie die Hitze gespürt?«

»Na hier, in meinem Herzen«, sagte sie und legte die rechte Hand auf ihre Herzgegend. Ihr Gesicht entkrampfte und die Körperspannung löste sich. Sanft sank sie in den Sessel zurück und lächelte mich an. »Sie haben ja recht. Für dieses Gefühl leben wir Menschen und nicht für die Pseudoanerkennung für zweifelhafte Leistungen.«

»Wird Ihnen auch warm ums Herz, wenn Ihnen Menschen außer Ihrem Mann sagen, dass sie Sie mögen?«

»Ja, bei meiner Freundin, ansonsten werde ich misstrauisch, ob die Leute mich meinen oder ob sie mich gut finden wegen des politischen Amtes.«

»Vertrauten Sie den Menschen nicht?«

»Ich verlasse mich nur auf mich.« Entschlossen setzte sie sich auf und sah mir prüfend in die Augen. »Oder glauben Sie alles, was Ihnen hier erzählt wird?«

»Sie sind der Star in unserer Beratung. Es geht hier nicht um mich. Aber wenn Sie nur sich selbst vertrauen, scheinen Sie ein großes Sicherheitsbedürfnis zu haben. Um anderen zu vertrauen, brauchen wir unter anderem Selbstsicherheit.«

»Meinen Sie, ich bin unsicher?«

»Ich möchte Ihnen Ihre gute Laune nicht verderben, aber es könnte hilfreich für Sie sein, wenn Sie über Ihre Antwort reflektieren könnten.«

Sie schwieg.

»Das wäre doch eine schöne Hausaufgabe«, sagte ich und verabschiedete sie bis zur nächsten Sitzung mit einem festen Händedruck.

***

Ich parkte mein Auto direkt unter der mächtigen Eiche, die vor der Praxis stand, und watete durch ein tiefes Blättermeer zum Praxiseingang. Dabei schlug ich den Kragen des Mantels hoch. Mich fröstelte es.

Auf die Jahreszeiten war Verlass. Der Herbst hatte den heißen Sommer 2018 abgelöst und überzog Hamburg mit einem nasskalten, stürmischen Wetter. Ich schloss die Praxistür auf und fühlte sofort, dass die Heizung ausgefallen war. Ich warf meinen Mantel auf den Garderobenständer und rief den Heizungsinstallateur an, der versprach, heute vorbeizukommen und den Schaden zu beheben. Ich zündete ein paar Kerzen an, in der Hoffnung, dass es dadurch etwas wärmer in der Praxis würde. Frau Lünso war meine erste Klientin und läutete pünktlich an der Tür. Es war unsere letzte Stunde und ich war gespannt, ob ihr die innere Einkehr gelungen war und sie dadurch neue Erkenntnisse gewonnen hatte.

Sie setzte sich in den Sessel und schlug elegant die Beine übereinander.

»Mir geht es immer noch gut. Seit fast vier Wochen. Alles läuft gut, in der Partei, zu Hause und mit meinem Mann.«

»Und mit der Freundin?«

»Mein Mann akzeptiert die Beziehung.«

»Wunderbar, das klingt harmonisch.«

»Ja, ist es. Ich bin in mich gegangen und habe die Erkenntnis gewonnen, dass ich den Menschen im Allgemeinen und die mir nahestehen, mehr vertrauen muss, und habe auch sofort damit begonnen.«

»Wie?«

»Ich habe aufgehört, die Menschen in meinem Umfeld zu kontrollieren.«

»Ist es Ihnen schwergefallen?«

»Oh ja, aber ich habe mir gedacht: Lass los, Claudia, die Kollegen werden das schon machen und mir gut zuarbeiten.«

»Und?«

»Es lief wunderbar. Keine Schwierigkeiten. Die Kollegen und Mitarbeiter wirkten entspannter und dadurch kam ich runter und fühlte mich nicht mehr gehetzt.«

»Auch sicherer?«

»Im Grunde ja, weil ich spürte, dass mir die Menschen um mich herum vertrauen. Ich hatte wieder das schöne Gefühl in mir.«

»Welches Gefühl?«

»Gemocht zu werden. Nicht so wie bei meinem Mann, bei ihm habe ich seine Liebe gespürt, aber mir wurde auch warm.«

»Wo?«

»Hier, ums Herz.« Tränen liefen über ihre Wangen. Plötzlich stand sie auf, nahm die Taschentücherbox, die auf den Tischchen vor ihr stand, und warf es schreiend auf den Boden.

»Ich will nicht weinen! Es ist schon das dritte Mal, dass ich vor Ihnen heule. Gerade eben war ich noch gut drauf. Diese Gefühlsachterbahn macht mich fertig!«

Ich schwieg.

»Ich hasse Sie!«

Schluchzend ließ sie sich in den Sessel fallen.

Es rührte mich, die sonst kühle und hart wirkende Politikerin nah an ihrem Gefühl erleben zu dürfen.

»Entschuldigen Sie bitte, ich bin auch sauer, dass ich nicht nur an das Vertrauen an meine Mitmenschen arbeiten muss, sondern zudem noch an meinen Gefühlen. Das ist alles strapaziös für mich. Ich bin nicht geübt, meine Gefühle zu zeigen, und fühle mich durch mein Defizit schwach und ausgeliefert. Gerade wenn es mir aufgezeigt wird, wie in unseren Gesprächen. Das geht nicht. Passt nicht zu mir.«

»Ist es wirklich so schlimm für Sie, auch diese Anteile Ihrer Persönlichkeit zu zeigen?«

Sie bückte sich, nahm ein Taschentuch aus der auf den Boden liegenden Box und trocknete ihre Tränen.

»Nicht schlimm, aber es strengt mich an, meine Gefühle zu zeigen.«

»Ist es nicht auch beschwerlich, den ganzen Tag mit einer Maske herumzulaufen? Hinter der Sie Ihre Gefühle und sich verstecken?«

Sie sah mich nachdenklich an.

»Ich brauche doch eine Maske für meinen Beruf als Politikerin.«

»Woher nehmen Sie das?«

»Um den äußeren Schein zu wahren und damit keiner erkennen kann, wer ich wirklich bin.«

»Wer sind Sie denn tatsächlich?«

Ich schwieg, damit sie weiter in sich gehen konnte.

»Ein Mensch mit Stärken und Schwächen.«

»Hat es Ihnen letztendlich geholfen, Ihre Defizite mit einer Maske zu verdecken?«

»Nein, früher oder später kommen sie doch zum Vorschein.«

Sie setzte sich in den Sessel zurück und spielte nachdenklich mit ihren Händen.

»Bisher habe ich geglaubt, die Maske zu brauchen.«

»Und nun?«

»Überlege ich, maskenfrei und authentisch durch das Leben zu gehen. Ich hoffe, dass mein Leben dadurch weniger anstrengend wird, wenn ich mich so zeige, wie ich wirklich bin. Aber ich werde einige Zeit dafür brauchen, bis es mir vollständig gelingen wird.«

»Nehmen Sie sich die Zeit, die Sie benötigen. Wenn Sie durchhalten, könnten Sie und Ihr Umfeld von Ihrer persönlichen Erneuerung profitieren.«

»Es winkt zudem ein Belohnung?«

Ich nickte vielsagend.

Sie sah zu meinem Praxisfenster und entdeckte eine kleine rote Porzellankatze, die ich durch den weißen Porzellanaffen ersetzt hatte, der während unserer ersten Sitzung von der Fensterbank gefallen und auf dem Boden zersplittert war.

»Oh, den Affen fand ich so süß. Wie lange hatten Sie ihn in Ihrer Praxis stehen?«

»Über zwanzig Jahre.«

»Fiel Ihnen das nicht schwer, sich von ihm zu verabschieden?«

»Ja schon. Am Anfang war ich traurig über den Verlust, wollte schon einen neuen Affen kaufen, aber dann hatte ich Lust auf eine Veränderung in meiner Praxis. Suchte lange und fand schließlich in einem Antiquitätengeschäft die kleine rote Porzellankatze, in die ich mich sofort verliebt hatte. Es war nur eine kleine Veränderung, aber sie wird jeden Tag belohnt, wenn ich morgens in meine Praxis komme und die Katze in ihrem leuchtenden Rot auf der Fensterbank sehe.«

»Dann geht es Ihnen bestimmt gut.«

»Richtig gut«, nickte ich lächelnd.

Der Gong der Praxisuhr zeigte das Ende unser Stunde an.

Sie stand auf und holte Schminkutensilien aus ihrer Handtasche, überlegte einen Moment und warf sie in die Tasche zurück.

»Ich werde ab sofort damit aufhören, mir eine Maske ins Gesicht zu malen, und dann werde ich die innere Maskerade fallen lassen. Aber behutsam.«

»In Ihrem Tempo.«

Sie nickte, auf dem Weg zur Tür drehte sie sich um.

»Darf ich überhaupt so ungeschminkt unter die Leute gehen?«

Ich antwortete mit einem Lächeln.

»Ja! Ich erlaube es mir!«, rief sie und winkte mir fröhlich beim Verlassen der Praxis zu.

Ich setzte mich an meinen Schreibtisch und schloss die Akte von Claudia Lünso, als mein Telefon klingelte.

»Wie geht es dir und deinem Tick?«

»Birgit?«

»Ja, deine alte Freundin und Supervisorin.«

»Mir geht es gut. Und mit den Händen bin ich mir schon lange nicht mehr durch die Haare gefahren.«

Ich lachte in das Telefon.

»Wie hast du das gemacht?«

»Ich habe den Tick durch einen neuen ersetzt.«

»Welchen?«

»Erzähle ich dir in unserer nächsten Sitzung.«

Demnächst erscheinen zwei weitere Bücher von Klaus Christiansen

Ein zweiter Band mit berührenden und spannenden Geschichten aus der psychologischen Beratungspraxis und ein packender Psychothriller!

Danke Anna